네가 가고 봄이 왔다

네가 가고 봄이 왔다

2018년 3월 12일 초판 1쇄 발행

지은이 최미송

사진 김규형

펴낸이 김상현, 최세현
마케팅 심규완, 김명래, 권금숙, 양봉호,
　　　　임지윤, 최의범, 조히라

책임편집 김새미나, 이기웅, 정선영
경영지원 김현우, 강신우
해외기획 우정민

펴낸곳 시드앤피드
주소 경기도 파주시 회동길 337-16 3층
팩스 031-955-9914

출판신고 2006년 9월 25일 제406-2006-000210호
전화 031-955-9912(9913)
이메일 bakha@bakha.kr

ⓒ 최미송
(저작권자와 맺은 특약에 따라 검인을 생략합니다)

ISBN 978-89-6570-604-5 (03810)
시드앤피드는 (주)쌤앤파커스의 브랜드입니다.

· 이 책은 저작권법에 따라 보호받는 저작물이므로
　무단전재와 무단복제를 금지하며,
　이 책 내용의 전부 또는 일부를 이용하려면
　반드시 저작권자와 박하의 서면 동의를
　받아야 합니다.
· 잘못된 책은 구입하신 서점에서 바꿔드립니다.

· 이 책의 국립중앙도서관 출판시도서목록은
　서지정보유통지원시스템 홈페이지(http://seoji.nl.go.kr)와
　국가자료공동목록시스템(http://www.nl.go.kr/kolisnet)에서
　이용하실 수 있습니다. (CIP제어번호: 2018006352)
· 책값은 뒤표지에 있습니다.
· 이 책은 아모레퍼시픽의 아리따글꼴을 사용하여 디자인 되었습니다.

네가 가고 봄이 왔다

혼자여도 괜찮은 계절

최미송 글 | 김규형 사진

시드앤피드

들어가며

까닭 모를 무기력증에 빠져 있는 듯 없는 듯한 날을 보내던 때가 있었습니다. 감정의 기복이 끝에서 끝을 달리고 이렇게 사는 게 맞는 걸까 하는 물음이 꼬리에 꼬리를 무는 날의 연속. 누구나 주기적으로 겪는다는 소위 슬럼프의 시기였던 것도 같습니다. 그런 시기에 마침표를 찍을 수 있게 해주었던 것은 자주 다니던 카페에서 우연히 보게 된, 벽에 걸린 시 한 편이었습니다.

> 모든 게 엉망이었을 때도 나는 자살하지 않았다.
> 약물에 의존하려고도, 가르침을 얻으려고도 하지 않았다.
> 대신 나는 잠을 자려고 애썼다.
> 하지만 도무지 잠이 오지 않을 때는
> 시 쓰는 법을 배웠다.
> 바로 오늘 같은 밤,
> 바로 나 같은 누군가가 읽을지도 모를 이런 시를.

레너드 코헨의 〈유일한 시(The Only Poem)〉라는 글의 일부였습니다. 이유 없이 떠나고 싶은 때가 많은 제가, 지금 있는 자리에서 도망치고 싶은 때가 많은 제가 세상에서 사라지는 대신, 또 사람들에게서 멀어지는 대신 펜을 잡고 글을 쓰기 시작한 것은 '바로 오늘 같은 밤, 바로 나 같은 누군가가 읽을지도 모를'이라는 말에 위로받았던 그때부터였습니다.

삶이라는 도화지에 우리는 수많은 그림을 그려나가곤 합니다. 그림을 그리기 위해 각자가 사용하는 도구도, 선호하는 색깔도, 그려나가는 속도도 모두 다르지만 그 모양새는 다소 비슷한 것도 같습니다. 들여다보면 조금씩 다른 인생임에도 우리는 결국 비슷한 문제로 상처받고 넘어졌다가 또 별일 없다는 듯 금방 털고 일어나곤 하니까요.

이 책에는 그런 비슷비슷한 삶에 대한 이야기를 담았습니다. 살아가는 일이 슬프고도 아름다운 이유는 그것이 사랑에 아파하고, 실패에 좌절하고, 때로는 무기력한 기분에 잠식되기도, 우울함에 빠져 허우적대기도 하는 과정을 필연적으로 동반하기 때문입니다. 그럼에도 우리는 다시 사랑을 하고, 한 번 더 부딪히고, 자고 일어난 다음 날의 일상을 받아들이고, 사소한 것에 감동하면서 결국 살아나갑니다.

그렇기에 이 책은 저만의 이야기는 아닙니다. 저의 사랑, 이별, 아픔, 행복, 소망을 담았지만 그것은 곧 여러분의 것이기도 합니다. 도망치고 싶을 때마다 자주 저를 잡아주었던 레너드 코헨의 시처럼, 여러분께서 제 글을 읽고 저와 같은 마음을 느끼실 수 있다면 저는 그것으로 더 바랄 게 없습니다.

내년에도, 내후년에도 더 많은 이야기를 만들어나가고 여러분과 함께 나누고 싶은데 제가 그럴 수 있을까요? 그랬으면 좋겠습니다. 그럴 수 있을 것이라 믿습니다. 저와 같은 당신이 있는 한 저는 쓰는 것을 멈추지 않을 것이니까요.

이 책에 기꺼이 여러분의 감정을 소비해주십시오. 저도 기꺼이 모두 내어드리겠습니다. 감사합니다.

최미송

차례

들어가며 004

1 ── 살아가는 일, 사랑하는 일

지금 이대로가 좋을 때 014
나의 주인 016
회귀 017
나만 모른다 018
닮은 구석 019
동행 020
나만의 방식 022
단비 026
숨기고 싶기도, 그렇지 않기도 028
바다 수영 029
망가진 것들 030
그렇게 믿기로 했다 032
그대라는 존재 033
그저 간직하는 편이 더 나을 때도 있다 034
미련 036
괜찮을 필요는 없으니까 038
하나의 목적 040

미련이라는 짐 042
기약 없는 메아리 043
시간만이 해결할 수 있는 일 044
야속하다고 느껴질 때 048
익숙한 것들이 좋은 이유 050
목적지 052
각자의 방식 053
지워가는 일 054
애매한 건 모두 어려우니까 056
영원한 숙제 057
악몽 058
잡아두는 법 062
어른이 되는 과정 064
언제나 함께일 수는 없다 065
좋은 사람 066
함께 살아간다는 것 067

2 ────── 때로는 우울도 필요한 법, 필요한 벗

마음가짐 072
관대해질 것 073
우선순위 074
어떤 사람인지는 075
소중한 이는 더 소중하게 076
받아들이면 편해진다 077
바람 078
나한텐 내가 우선이잖아 080
저마다의 방식 082
핑계 없는 무덤 083
작지만 커다란 가치 084
책임의 무게 086
의미 없는 일 087
모두 다 그렇게 090
의도치 않았다고 해도 091
수그러들고 싶을 때 092
살아가는 법 093
흔들리던 날들 094
가장 경계해야 하는 것은 096
내가 만들어가는 나 097
공유하는 행복 100
나아가기 101
그래도 이왕이면 102
풍파 104
악순환 108
별 얘기는 아닌데 110

자화상 112
스스로에게 주는 위로 113
수요일 114
원색의 진가 116
과거의 나 118
보이지 않으니까 119
모순 122
누구나 하는 것 124
어떤 노래는 꼭 일기장 같아 126
달갑잖은 변화 128
설명할 수 없는 일들 129
놓아줘야 할 때 130
결국 나만이 132
위로, 그 어려움 133
살아야 한다는 의무감을 지고 134
아무도 모르는 나만의 길 136
이방인 138
인간관계 140
잠 못 이루는 밤 141
잠들지 못하는 밤은 유독 142
내 것의 무게 146
어쩔 수 없는 일 147
향수병 148
오래된 친구 150
일상이 방랑 151
하나 정도는 152

3 ── 인생은 오래달리기, 서두르지 말 것

구름처럼 산다 158
나도 내가 처음이지만 159
각자의 정의 160
좋아하는 공간 162
한 번의 희망 164
따뜻한 것들 168
평범한 행복 169
저마다의 속도 170
273번 버스 172
바뀌지 않는 것 176
미련이 없다는 건 177
비우고 다시 채우고 178
가벼운 습관 179
누구나 다들 182
모두가 다른 시간을 산다 184
가끔은 낯선 것도 괜찮다 185
어쨌든 행복 186
흘러가는 대로 187
변한다는 것, 남는다는 것 188
적당한 거리 189
햇볕 좋은 날 190
하나뿐일 날들 194
오래된 우리 197
각자의 길 198
방황해도 괜찮아 200
보내줄 준비 202

우리는 그래도 돼 203
그때는 틀리고 지금은 맞을까 204
길에서 마주한 깨달음 206
어쩌면 인생이란 208
다른 의미 209
대단하진 못해도 210
기록하는 삶 211
금요일의 무게 212
다른 사람 216
정답은 없어 218
양면성 219
반가운 자취 220
생각 정리 222
그래도 꽃 같은 사람 223
어린 생각이기도 했다 224
기억 조각 226
멀리 가는 방법 227
누구나 그럴 때가 있잖아 228
그래도 다 품고 가자며 230
인생은 수수께끼 234
우연의 반복 236
비움의 미덕 237
지나고 보면 결국에는 238

1

살아가는 일, 사랑하는 일

어떤 사랑은 종종 슬프다
마주보지 못하는 것들이 자주 그렇다

지금 이대로가 좋을 때

너와 처음 밥을 먹었던 가게가 문을 닫는다더라.

참 이상하지, 추억은 그대로 남아 있는데 그것을 제외하곤 변하는 모든 것들이. 아쉬움이 남을 줄 알았는데 도리어 다행이라는 생각이 들었어. 그곳을 지날 때마다 떠오르는 너의 다정함이 나에겐 꽤나 곤욕이었거든.

여전히 친절하신 사장님은 사정이 생겨 가게를 마무리하게 됐다며 폐점 날짜까지 입구에 써놓으셨더라. 얼핏 보니 일주일이 조금 안 되는 시간. 이제 정말 마지막일지도 모르는데 한번 가볼까 하는 생각을 하다가 이내 고개를 저었어. 일주일이 지나고 가게가 정말로 문을 닫은 뒤에야 나는 후회를 하겠지만 끝내 가지는 않겠지.

익숙해진 탓인지 이제는 후회를 후회로 남겨두는 것이 어렵지 않아. 너에게 한번 더 닿아볼까 고민하지만 언제나 생각만으로 그치듯이.

지금 이대로가 너와 나 모두에게 좋잖아. 우리 서로에게
더 많은 것을 바라지 않도록 하자.

나의 주인

빛이 들어오는 자리는 태초부터 너의 것이라
그 옆으로 늘어지는 그림자 위에 가만히 발을 얹는다.
존재의 증명 없이 조용히 곁을 지키고 싶은 마음,
너는 이해할 수 있을까.

회 귀

오랜 침묵의 시간을 깨고
나는 이곳을 떠나기로 결심했다.

그 누구도 나를 모르는 곳에서
다시 시작하는 마음으로
삶을 재정비하고

너라는 사람과는
아무런 인연도 없었던 것처럼
꽤 그럴듯한 모습으로
덤덤히 나타나는 것이
나의 작은 목표였다.

나 만 모 른 다

너는 모른다.
내 세상의 전부를 품고 있는 것은
여전히 너라는 짜디짠 바다.
빠져 죽든 휩쓸려 죽든 어차피 끝은 너일 것이라
반쯤 남은 석양이 불구덩이처럼 일렁일 때도
네가 주는 마지막 선물이라 생각하겠지.

그 어떤 삼라만상의 본질도 네 앞에선 색안경을 쓴다.
억겁의 세월이 지나도 변치 않을 지독한 반복.
여전히 목메는 앙상한 기쁨은
애당초 스스로가 죄는 것이다.
나만 모른다.

닮은 구석

비슷한 사람이 좋다.

영화를 보다 웃음이 터지는 타이밍,
책을 읽을 때 밑줄을 긋는 지점,
이야기를 나누다 마주하는 정적의 순간까지.

감정의 고도와 내면의 온도가 비슷한 사람이 좋다.
나는 어쩔 수 없다는 듯
그런 사람에게 자주 끌린다.

동 행

흔들리는 너를 잡아줄 수 없다면
차라리 그 옆에서 같이 흔들리고 말겠다고
나는 종종 그렇게 생각했다.

그래, 그래도 나는 잊을 만하면 보내오는
네 문자에 웃을 수 있었다.

나 만 의 방 식

오늘도 나는
세상에 존재하는 모든 좋은 것을 품고
너에게로 간다.

네게 주어진 것이 부족하다면
내 것이라도 전부 쥐어주고 싶어서.

내 것은 모두 너에게 양보하고
나에겐 스쳐 가는 바람만이 남게 되더라도

그런 너를 보며 행복해하는 것,
그런 너를 보며 가슴 벅차하는 것.

이것이 내가 너를 사랑하는 방식.
이것이 내가 행복해지는 방식.

반듯한 직선만을 수평선으로 생각하는 사람은
절대로 비틀어진 이를 구원할 수 없으니까.

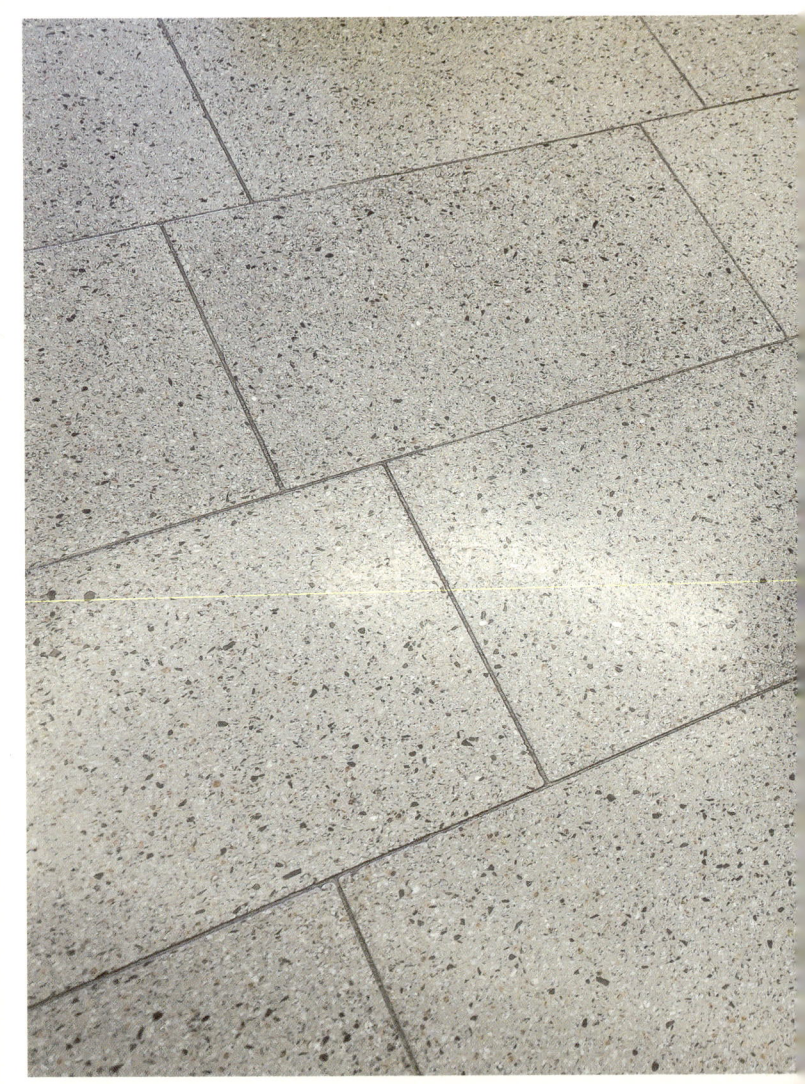

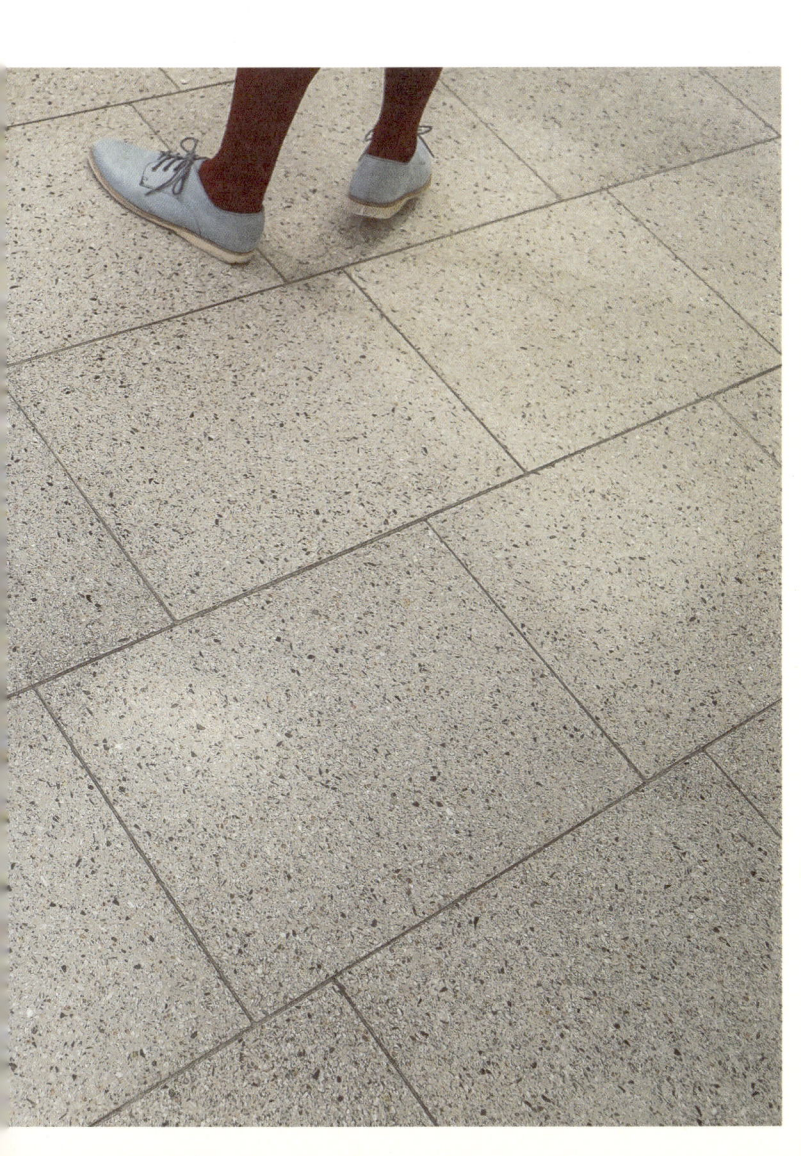

단비

그래, 그래도 나는 잊을 만하면 보내오는 네 문자에 웃을 수 있었다.

나를 대하는 너의 마음이 너를 향한 나의 그것과는 깊이부터 다르다고 해도, 이따금 보내오는 너의 잘 지내느냐는 문자 한 통에 온종일 벅찬 마음을 가라앉힐 수 없었다. 드물게 마주하는 너라는 단비가 나를 일상의 가뭄에서 완전히 벗어나게 했다.

으레 그렇듯 가뭄은 길고 목을 축이는 것은 순간이었지만 그 달콤함에 취해 또다시 찾아오는 긴 가뭄마저 나는 두 손 모아 기다렸다. 그래, 그것은 분명 어떤 의미에서 생명수였을 것이다.

그러나 이제는 네가 내려주는 단비에 의존하지 않으려 한다. 내 삶 한편에 자리 잡고 있는 너를 보내고 혼자 살아가는 법을 배우려고 한다.

그래, 어쩌면 나는 나만의 댐을 건설하려는 것이다. 오늘부터 시작되는 이 긴 장마가 지나고 나면, 나의 댐 안에도 네가 아닌 잔물결들이 찰랑이며 넘쳐흐르게 되겠지. 그러면 그때는 너를 자연히 보내줄 수 있게 되겠지.

이제는 내리는 비를 부러 피하지 않을 것이다. 오늘 밤 쏟아지는 비에 누구보다 흠뻑 젖은 채로 잠이 들 것이다.

그러니 너는 이 비와 함께 가능한 한 멀리 쓸려 가라.
부탁하건대 그대는 가능한 한 멀리 떠내려가라.

숨기고 싶기도, 그렇지 않기도

네 앞에 있을 때면
나는 진심을 꺼내놓는 일이 유독 어려웠다.
거짓을 말할 의도는 없었으나
매번 네 얼굴을 마주할 때마다
습관적으로 무언가를 숨기곤 했다.
번번이 헤어질 때가 되어서야
모든 걸 다 말해버리고 싶은 충동에 휩싸였다.
그중 가장은 내 마음이었다.

바 다　수 영

새벽을 마주하는 나의 머릿속에는
유독 많은 부분 네가 유영하고 있었다.
가끔은 허우적거리다 근처에 닿지도 못하고
그대로 빠져 죽은 것이 벌써 여러 번이었다.

망가진 것들

핸드폰 충전기가 망가졌다. 아예 맛이 갔다고 할 수는 없지만, 콘센트에 꽂아야 하는 부분이 휘어버려 제대로 들어가지 않게 되었다. 억지로 힘주어 끼워 맞추니 어느 정도 충전은 되지만 이내 자꾸 빠져버려 그마저도 잘 되지 않았다. 그 모습을 보고 있자니 나는 우습게도 우리 생각이 났다. 이미 틀어져도 한참을 틀어졌음을 서로가 알고 있었으면서 우리는 누구 하나 그만하자는 말을 먼저 입 밖으로 꺼내지 못했다.

커지는 틈을 애써 무시하며 지내고 있었지만 온전하지 못한 관계는 고장 난 충전기처럼 금세 헐렁거리고 빠지기 일쑤였다. 별거 아니라며, 언제든 힘주어 끼워 맞출 수 있을 거라고 생각했던 모습이 우습게도, 그럴수록 우리는 더 너덜거리게 되었다.

그런 너도, 망가진 충전기도 나는 어느 것 하나 쉽게 버리지 못한다.
성하지는 못해도 아직은 곁에 있기를 바라는 마음일까.
온전치는 못해도 여전히 필요로 하는 마음일까.

완전히 고장 나버려 더 이상 손 쓸 수 없을 때가 되면 그때는 이 모든 것을 버릴 수 있을까.
그렇게 되면 나는 이 모든 것으로부터 자유로워질 수 있을까.

그렇게 믿기로 했다

영원이라는 것을, 그것을 말하는 사람을 믿지 않기로 했다.
영원이라는 단어도 영원을 말하는 당신도 너무나 무책임하다.
사랑을 쉽게 입에 담는 자의 사랑만큼 가벼운 것이 없듯
매번 영원을 맹세하는 이의 영원만큼 영원하지 않은 것이 있을까.
불행인지 다행인지 이 모든 것을 너로 인해 알게 되었다.

어찌됐든 영원이라는 것은 없다.
나는 그렇게 믿기로 했다.

그대라는 존재

아침에 일어나서 잠자리에 들기 위해 눕는 순간까지
나는 그대라는 이유로 하루에도 몇 번씩
크고 작은 감정의 기복들을 마주쳤다.
그대라는 존재는 단조로운 삶의 모든 것을 바꿔놓았다.
하루를 조각으로 나눈다 치면
그대는 그 조각들의 모든 사이에까지 스며들어 있었다.

그저 간직하는 편이
더 나을 때도 있다

이제는 이해한다.
하고픈 말 너무 많아
아무 말 하지 않기로 했다는 그 말을.

이제는 이해하게 되었다.
세상에 나오지 않음으로써
더 많은 의미를 지니는 것들을.

미련

우산을 손에 쥐고도 쓰지 않는 사람들이 눈에 밟혔다. 더 이상 쓰지 않는 물건은 언제든 버리고 싶은 법이어서. 스산한 바람은 멈춘 이의 몫임에도 나는 늘 습관처럼 그들의 뒷모습을 좇았다.

아직은 어려서 그렇다는 말도 이제는 핑계가 될 수 없는 나이.
기괴한 애정도 애정이고, 대상을 잃은 사랑도 사랑이기에. 반듯한 직선만을 수평선으로 생각하는 사람은 절대로 비틀어진 이를 구원할 수 없으니까.

알코올의 작용으로 뱉어낸 말이야말로 진짜라고 믿는다. 그렇지 않으면 며칠이고 잠을 잘 수가 없어서. 그러고도 남은 헛구역질은 마지막 남은 미련 같은 것.

등을 두드려주는 그의 손이 달갑지 않다.
미련을 보이는 것만큼 들키고 싶지 않은 일이 없으니까.

돌아오지 않는 기분은 어떤 걸까.
글쎄, 떠나본 사람만이 알겠지.
알고 있으면서 대답해주지 않는 그가 밉다.

괜 찮 을 필 요 는 없 으 니 까

몇 번을 겪어봐도
헤어짐만큼 익숙해지지 않는 감정은 없다.

가슴이 울렁거리고
관절 마디마디가 시큰한
이 생경한 감정 때문에

나는
여전히 어렵고
여전히 서럽고
여전히 힘들고.

새벽을 마주하는 나의 머릿속에는
유독 많은 부분 네가 유영하고 있었다.

하나의 목적

한 줌의 가루로 흩뿌려진 뒤에
운이 좋아 바람이 되어 세상을 떠돌 수 있다면
나는 제일 먼저 네 귓가에 앉아
평생 혼자만 간직한 생의 비밀, 말해주고 싶다.

너는 오랜 시간 웅크려 있던 나를 돋아나게 하는 봄이었고
내 안에서 가장 아름다운 꽃 피우게 하는 여름이었으며
아팠던 만큼 성숙하게 만드는 가을이었고
때가 되면 스스로 지게도 하는 겨울이었다고.

그러니까 내 인생은 온통
너를 관통해서만 완성될 수 있는 존재였다고.
내 삶의 어느 순간도
네가 존재하지 않았던 적은 없었노라고.

그러니 한 줄기 바람이 된 지금도
나는 이렇게 네 곁에서 머물겠다고.

미련이라는 짐

다시 한번 손을 잡아볼까 생각했다.
마지막으로 한번 믿어볼까.
정말 마지막이라 생각하고 네게 닿아볼까.

기 약 없 는 메 아 리

기다림의 끝에 마주하는 것은 언제나 기약 없는 메아리.
나는 매일 밤 어디로 가 누구에게 무엇을 물어야 하나.
부러 애쓰지 않아도 알 수 있다면 얼마나 좋을까.
하릴없이 속으로만 울었다.

시간만이 해결할 수 있는 일

꽤 오래 짊어지고 있던 우울을 내려놓았다.
심장 아래쯤에서 나를 누르던 당신도 이제는 놓아주었다.

어제까지만 해도 전혀 될 것 같지 않았던 일들이
지금은 그것이 당연한 것인 양,
세상의 순리인 양 너무도 자연스럽다.

인생이란 게 원래 이런 것일까?
노력이나 의지와는 별개로
자연스런 시간의 흐름만이 해결해줄 수 있는 일들이
존재하는 것일까.

떨어지는 나뭇잎 사이를 걸었다.
실수로 하나라도 밟을까 걱정하면서.
그렇다 해도 어쩔 수 없이 밟히는 것들은
더는 내 탓이 아니라는 생각과 함께.

런던에서 맡은 향기로 살아간다.
스위스에서 스쳐 보낸 바람으로 살아가기도,
파리의 밤거리에서 마주친 눈동자 때문에
살아가기도 한다.

야 속 하 다 고 느 껴 질   때

우리가 사랑하는 동안 시간은 너무 빠르게 흐른다.
사랑했던 시간 또한 그랬고
앞으로 사랑할 시간 또한 무엇보다 빠르게 흘러가겠지.

흐르고 지나가는 건, 더욱이 그 속도가 빠르다는 건
그만큼 쉽게 잊힌다는 걸까.
혹은 그만큼 깊은 잔상이 남는다는 걸까.

내가 사랑하는 것들은 매번 나를 아쉽게 한다.
그만큼 애정이 있는 까닭이지 하며 좋게 생각하려 해도
결국 마지막에 가라앉는 아쉬운 마음은 어쩔 도리가 없다.

서늘한 여름밤이 그리워질 때면 무엇을 해야 할까.
똑같이 창문을 열고 또 가끔은 거리를 걸어도
그 향기 그 바람이 아닐 것인데.

익숙한 것들이 좋은 이유

눈에 띄는 새 책을 꺼내 읽는 것보다
좋아하는 페이지가 구깃구깃해진,
활자의 모양새마저 익숙해진
그런 오래된 책에 마음이 간다.

영화 역시 마찬가지.
개봉한 지 얼마 안 된 신작보다는
볼수록 여운이 짙게 남는
대사 하나하나 곱씹어 보아왔던
익숙해진 영화를 여러 번 보는 것을 좋아한다.

사람도, 사물도
내가 사랑하는 것들은
오래도록 곁에 두고 찬찬히 보고 싶은 것.

되새기고 되새기어
전에는 몰랐던 새로운 매력을 찾고
또 그러다 익숙해지면 그 나름대로 좋은 것.

곁을 오래 지켜온 것을 선호하는 이유는
모두 거기에서 비롯된다.

목 적 지

하늘이 유독 파랗다.
갓길의 꽃들도 나를 향해 머리를 흔든다.
너를 만나러 가는 길은 자주 그랬다.

각자의 방식

그럼 그때는 왜 말하지 않았느냐는 나의 물음에 좋은 모습만 보여주고 좋은 것만 들려주고 싶었다는 너의 대답은 나를 한없이 비참하게 만들었다.

슬픔까지 공유할 수 있는 관계가 진짜라고 믿었던 나에게, 우리는 서로의 슬픔까지도 보듬어줄 수 있는 사이라고 생각했던 나에게 너의 대답은 마치 나 혼자만의 독주였나, 너는 그렇지 않았던 걸까 하는 생각만을 머릿속에 가득 메우게 했다.

그러나 한편으로 그것은 또한 네 나름의, 네 방식의 배려라는 것을 모르지 않기에 목구멍까지 차오른 말들을 나는 혼자서 꾹꾹 묻어두어야만 했다.

지워가는 일

절대 삭제하지 못할 것 같았던 것들이 하나를 지우고 나니 나머지는 거침없어졌다.

우리가 공유했던 순간들이 겨우 사진 한 장 지운다고 없어지는 것은 아니겠지만 망설임 없이 지우는 순간만큼은 모두 사라질 것만 같아 그렇게 했다. 오랫동안 손도 대지 못한 채 그렇게 두었던 것들을, 나는 오늘 모두 지워냈다.

이렇게 하나씩 잊어가는가 보다. 이제는 어느 정도 줄어든 내 마음속 너의 크기와 조금은 덤덤해진 기분이 말해준다. 절대 지우지 못할 것 같았던 것들 역시, 하나씩 없애가며 그렇게 잊어가나 보다.

혹여나 또 어느 때 불쑥 찾아와
진정 너를 잊었느냐고 묻지 말아라.
그로 인해 힘들게 지워왔던 것들을
다시금 품 안에 들이고 싶지 않으니.

애매한 건 모두 어려우니까

헤어진 연인에게 느끼는 감정은 참 이상해서
가끔은 미련도 무엇도 아닌 마음이 나를 흔들어놓곤 한다.
너를 떠올리는 내 마음도 이상해서
가끔은 아프고 가끔은 홀가분하고
또 가끔은 이상하리만큼 미안하다.
우리는 이런 이상한 관계에 갇혀 있다.

그래서인지 이제는 만남과 헤어짐에 유독 조심스럽다.
이런 애매한 관계가 하나둘 늘어만 가는 건
웬일인지 썩 반갑지가 않아서.

영원한 숙제

결국 외로움이란 스스로 만들어낸 감정이기에 우리는 누군가의 곁에 자리할 때에도 한번씩 공허해지는 근본적인 외로움에서 완전히 벗어날 수 없다.

이 넓은 우주에서 영원한 건 오직 '영원한 것은 없다'라는 말뿐이듯 아이러니하게도 외로움이야말로 태초부터 유일하게 곁을 지켜주는 동반자가 아닐까.

악몽

악몽을 꿨다. 이렇게 현실적인 악몽은 또 오랜만이라 눈을 뜨고 그것이 꿈이라는 걸 깨닫기까지는 한참이 걸렸다. 누군가 내 옆에 있었으면 했다. 그랬다면 그것이 꿈이었음을 그리고 지금 나는 현실에 있음을 조금 더 빨리 직시할 수 있지 않았을까. 나 방금 악몽 꿨어, 라고 뱉었을 때 얻을 수 있는 위로는 덤이고.

잠들기 전까지 머리맡에 켜두었던 노트북 속 로맨틱 코미디 영화가 더는 보고 싶지 않아졌다. 판타지 요소가 가미된 영화라 더욱 그랬을지도 모른다. 눈을 좀 더 감고 있을까 하다가 이대로 다시 잠드는 게 두려워 그러지 않기로 했다. 몸을 일으켜 불을 켤까 하다가 밝은 곳에 덩그러니 남겨지는 기분이 무서워 그저 어두움 속에 지금과 같이 숨어 있기로 했다.

무엇이 문제일까 생각해봐도 답이 떠오르지 않는 건 여전했다. 갈림길에 서서 고민하던 나는 어느새 너무 멀리 와버렸고, 이제 와 다시 돌아갈 용기는 더욱이 없었다.

이런 생각을 하고 있자니 꿈과 현실이 크게 다를 것도 없어 꿈에서 깨도 깬 것이 아닌 듯했다. 종국에는 그것이 어떤 형태로든 꿈은 현실을 반영한다는 말이 떠올라 더욱 비참해졌다.

나는 그저 이 밤 누군가 곁에 있었으면 하는 생각뿐이었다.

기다림의 끝에 마주하는 것은
언제나 기약 없는 메아리.

잡 아 두 는 법

깨진 틈에는 시간이 멈춰 있다.
깨진 모양 조각조각마다 시간이 박혀 있다.
세월의 흐름은 눈으로 볼 수 없어서
나는 당신이 그리울 때마다 깨진 유리창을 찾는다.
투명한 창 가운데 멈춰버린 당신을 읊는다.

어른이 되는 과정

우리는 얇고 길게 그렇게 오래도록 보자,
라고 하려던 말을 전하지 못했다.

말하지 않아도 바람에 큰 변화는 없을 것임을 안다.
그렇지 않다면 그 또한 어쩔 수 없는 일임을 알고.

느닷없는 헤어짐에 예전처럼 아파하지 않는 나는,
새로운 만남에도 어느 정도 익숙해진 나는
말하지 않아도 이제 그런 것 정도는
감수할 수 있게 되었다.

언제나 함께일 수는 없다

이맘때쯤 맡을 수 있는 늦여름과 초가을이 적절히 섞인 향기는 나를 서글프게 한다. 내가 사랑하는 것들이 대부분 수그러들고, 그것들을 다시 만나기 위해서는 일 년이라는 시간이 돌아야 한다는 점.
일 년이라는 이름의 시간은 우주의 것이라 어떠한 자유의지로도 재촉할 수 없다는 점.

밤이면 자리에 들기 전 창문 밖 나무의 잎을 세었다. 떨어지고 남은 것들이 몇이나 남았는지 눈으로 좇았다.
그것은 가을마저 지나고 나면 순리처럼 다가올 가장 아픈 계절에 대한 본능적인 방어기제이기도 했다.

좋 은 사 람

사람들은 저마다 이기적인 본성을 가지고 있다.
그러나 그들은 모두 사랑하는 이들에게
좋은 사람이고 싶어 한다.

함 께 살 아 간 다 는 것

나란히 소파에 앉아 책을 읽는 밤도 있을 거야.
좀 더 편한 자세로 누워 영화를 보는 날도 있을 거고.
가끔은 오늘은 밤새 파티를 하자, 말하기도 하겠지.

그러면 그런 네게 나는
언제고 기다렸다는 듯
웃으며 고갤 끄덕일 거야.

2

— 때로는 우울도 필요한 법, 필요한 벗

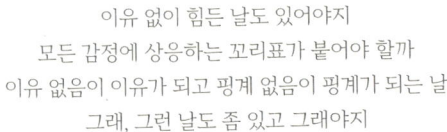

이유 없이 힘든 날도 있어야지
모든 감정에 상응하는 꼬리표가 붙어야 할까
이유 없음이 이유가 되고 핑계 없음이 핑계가 되는 날
그래, 그런 날도 좀 있고 그래야지

마 음 가 짐

'나는 원래 이 정도의 사람이야.
노력은 하겠지만 그래도 안 되는 건 어쩔 수 없어.
내 역량을 벗어나는 것들은 내 탓이 아니야.'
따위의 마음가짐도 때로는 필요하다.

능력의 부족함을 인정하고 받아들일 줄 아는 태도는
곧 있는 그대로의 자신을 사랑하게 한다.
있는 그대로의 나를 받아들이게 만든다.
가끔은 인정함으로써 편해지는 것들이 있다.

관대해질 것

살다 보면 참 별일이 다 있다.
그럴 때마다 그 원인을 자신의 탓으로 돌리거나
혹은 안타까운 결과에서 헤어 나오지 못해 자책하는 것은
자신의 몸과 마음을 혹사시키는 일일 뿐이다.

상식적으로 설명하기 힘든 그 모든 일에
마음을 내어줄 필요는 없다.

살다 보면 정말 별일이 다 있지만
말 그대로 그저 정말 '별일'이기도 하므로.
때로는 과감히 넘겨버리고
적당한 선에서 훌훌 털어 넘기는 마음가짐이 필요하다.

우 선 순 위

야속할 만큼 빠른 세월 속에서 우리가 앞으로 함께할 시간이 많지 않음을 자각할 때면 더 주지 못해 미안하고 더 나누지 못해 아쉬울 뿐이야.

곧 다시 만나자며 웃는 얼굴로 애써 서로를 다독이지만 그것이 언제가 될지 우리 모두 확신하지 못하지. 좋은 사람과 함께하기에도 벅찬 요즘. 소중하지 않은 것은 과감히 제쳐놓고 소중한 사람에게 더 많은 정성을 쏟을 수 있기를. 그런 삶을 살아가도록 노력할 수 있기를.

어떤 사람인지는

항간에 떠도는 소문 중에는 들어서 좋을 게 없는 말이 태반이다. 그리고 그 진위 여부가 확인되기 전, 소문을 그대로 받아들일지 조금 더 기다려볼지 판단하는 것은 온전히 듣는 이의 몫이 된다. 지혜로운 사람이라면 가타부타 말을 옮기지도, 사사로운 소문에 휩쓸리지도, 실체 없는 잔상에 흔들리지도 않겠지. 그렇지 않은 사람이라면 진실이 확인되기도 전에 온갖 추측이 난무한 말과 행동을 개시할 테고.

그가 어떤 사람인지는 그의 진중함의 정도를 보면 알 수 있다. 매일 흘러가는 남의 이야기만 좇아 사는 사람인지, 거센 바람 가운데 있어도 자신의 중심을 잃지 않는 사람인지.

소중한 이는 더 소중하게

살면서 받는 상처 중 열에 아홉은 자신이 사랑하는 사람에게 받는 것 같다. 마음에 품고 있지 않은 자에겐 그가 무슨 말을 하고 어떤 행동을 하든 우리는 크게 신경 쓰지 않거나 혹은 감히 상처받을 여지를 내주지도 않으니까.

우리를 진정 아프게 하는 일의 대부분이 소중한 이로 인해 생긴다는 것은, 인생에서 마주하는 또 하나의 아이러니이기도 하다. 그것이 소중한 사람일수록 더 신중히 대해야 하고, 편하고 익숙한 관계라고 해서 함부로 대해선 안 되는 이유가 되기도 한다.

긁히든지 찢어지든지 어차피 아픈 것은 매한가지다. 중요한 것은 누가 나를 아프게 했는가 하는 것이다.

받아들이면 편해진다

영원한 것은 없다고 인정한 후 많은 것이 한결 수월해졌다. 상대방의 태도가 변했다고 해서 자괴감을 갖지 않게 되었으며 악화된 상황의 원인을 모두 내 탓으로 돌리지도 않게 되었다.

그래, 영원한 것은 없다.
변치 않고 제자리에서 일렁이는 것 같은 거대한 바닷물도 실은 자연이 정해놓은 주기를 반복하며 온 지구를 돌아다닌다는데.
영원의 존재를 믿으며 간혹 그렇지 않을 것을 마주할 때마다 좌절할 이유는 더더욱 없다.

바 람

진실한 사람이 되고 싶다고 생각했다.
가끔 솔직하지 못할 수는 있어도,
그래도 여전히 진실한 사람.
눈빛에서 말투에서 행동에서 진실함이 묻어 나오는 사람.
그래서 상대방에게 신뢰를 주고 믿음을 줄 수 있는 사람.
그런 사람이 되고 싶다고 생각했다.

나한텐 내가 우선이잖아

나만 생각하며 조용히 사는 것도 나쁘지 않겠다.
옆에 있는 이에게 잘 보이려 눈치 살펴가며 행동하느니,
누구에게도 미움받지 않으려 적당한 때에 꼬리 흔드는
순한 강아지처럼 행동하느니,
세상에 뒤처지지 않으려는 악착같은 행동을
성실한 자기계발로 착각하느니,
결국 집에 돌아와서 하는 거라곤
쓰러지듯 잠이 드는 일뿐인 이런 생활을 반복하느니.

완벽한 자신에 대한 미련을 버릴 줄도 알아야겠다.
타인의 성공을 자극제로 삼지 말고 남들의 시선에서 자유
로워진 채 나만의 가치와 신념을 지켜나가는 것.

그렇게 조용히 내 행복에 내가 취해 사는 것도
괜찮은 일이겠거니 싶다.

저 마 다 의 방 식

모두가 같은 것을 보면서도
저마다 다른 생각을 하고
모두가 같은 목적지를 향할 때도
저마다 다른 길을 택하는 것이
각자가 살아가는 방법이며 살아온 인생이다.

그것이 우리가 자신의 방식으로 모두를 이해할 필요도
혹은 자신의 방식을 모두에게 이해시킬 필요도 없는 이유.

핑계 없는 무덤

이유 없이 힘든 날도 있어야지.
모든 감정에 상응하는 꼬리표가 붙어야 할까.
이유 없음이 이유가 되고 핑계 없음이 핑계가 되는 날.
그래, 그런 날도 좀 있고 그래야지.

작지만 커다란 가치

나를 힘들게 하는 것은 실은 굉장히 사소한 문제들이었다. 갑작스레 느껴지는 인생의 권태로움이라든지 밤이면 찾아오는 실체 없는 걱정이라든지 앨범을 정리하다 나오는 돌아갈 수 없어 슬프기만 한 옛날이라든지. 따지고 보면 별것 아님에도 신발 안에 들어간 작은 모래알처럼 괜스레 신경 쓰이는 것, 누구라도 있지 않을까. 아무것도 아님을 누구보다 잘 알고 있으면서도 정작 나를 힘들게 하는 것은 그런 사소한 문제들이었다.

그러나 나를 설레게 하는 일 또한 작은 것에서 시작한다. 여행을 준비하는 마음이라든지 새 책을 펼치면 나는 속지의 향이라든지 택배 아저씨가 누르는 초인종 소리라든지 하는 것으로부터 시작된다.

나를 주저앉게 하는 것들이 내 삶에 한꺼번에 휘몰아친다고 느껴질 때, 나를 설레게 하는 것들은 늘 익숙하고도 잔잔한 손길로 나를 달래듯 어루만진다. 그래서일까. 나는 자주 길가의 풀 한 포기, 꽃 한 송이와 같은 작고 아름다운 것에 마음을 뺏긴다. 작은 것이라 더 고맙고 사소한 것이라 더욱 감동을 주는 까닭이다.

결국 삶이란 긴 여정 동안 내 옆에 머물 수 있는 것은 이런 소소하고 짧은 순간들이라는 생각이 든다. 때로는 크고 웅장한 피사체가 뿜어내는 화려함에 시선을 빼앗길 때도 있지만 결국 품에 지니고 다니게 되는 것은 소중한 사람의 증명사진 같은, 작지만 소중하고 사소하지만 익숙한 것이지 않나.

책임의 무게

길가에 아무렇게나 굴러다니는 낙엽 하나
오늘따라 눈에 밟혀 한참을 보고 있었다.

주워 갈까 고민하며 잠깐 허리도 굽혔으나
이내 망설임을 거두고 뒤돌아 집으로 향하기로 했다.
아무렴 어때, 그래봤자 바싹 말라버린 갈잎 하나
거두어 간다 한들 이젠 책에도 꽂아놓지 않을걸.

애초에 희망 따위 주지 못할 바엔
차라리 밟고 가자 그리 되뇌며.

의 미 없 는 일

집에 일찍 들어오라는 엄마의 전화는 화장실에서 대충 끊어버리고, 돌아온 술자리에선 아무 영양가 없는 대화를 귀 기울여 듣는다. 몇 년간 변함없는 책장에 먼지만 자욱이 쌓인 책들은 애써 무시하면서 손바닥만 한 화면을 통해 세상의 모든 진리를 깨우치려고 한다. 길가의 채소 파는 할머니에겐 눈길 한번 쉽게 주지 않으면서 화면 속 스타들의 열애설에는 온종일 관심을 쏟는다.

나는 왜 이렇게 의미 없는 일을 할까. 세상의 흐름을 좇기에만 바빠 주체적으로 살아가지 못한다. 주위의 평가에 기준을 두고 자신의 진짜 모습을 찾아가지 못한다. 가끔은 어린 시절의 내가 부럽다. 멋모르던 그때, 나에게만 집중했던 그때가 그립다. 지금 나는 왜 이렇게 의미 없는 일에 붙들릴까.

돌아오지 않는 기분은 어떤 걸까.
글쎄, 떠나본 사람만이 알겠지.

모두 다 그렇게

근데 사실 사는 게 다 그렇지 뭐.

이제는 달관한 듯 말을 내뱉는 친구의 말에
씁쓸한 마음을 감출 수 없었다.
사는 게 다 그렇지,
라는 말로 스스로를 위로하며 살아가기에
우린 정말 괜찮은 걸까.

의도치 않았다고 해도

오른쪽으로 우산을 치우쳐 드는 습관 때문에 비오는 날이면 내 왼쪽 어깨는 항상 어느 정도 젖어 있었다. 집에 돌아와 우산을 접고 의식하지 못한 사이 젖어버린 어깨를 보면서 문득 고의가 아니었음에도 상처를 주는 일들이 있겠구나 싶었다. 나는 별생각 없이 한 행동이, 가령 오래된 습관 같은 것이 다른 이를 아프게 할 수도 있겠구나 하는 생각. 나도 모르는 사이 피해를 줄 수도 있겠구나 싶은 생각.

그런 이들에게 사과를 고하고 싶다. 상처라는 건 늘 그렇듯 주는 이의 의도보다 받는 이의 감정이 더 우선시되는 법이니까. 그리고 내게도 그런 일이 일어난다면 그때의 나는 상대에게 좀 더 넉넉한 사람이기를 바란다. 나를 아프게 한 이를 미워하기에 앞서 그를 이해하려 노력하는 사람이길, 그만큼의 그릇을 가진 사람이기를 바란다.

수그러들고 싶을 때

가장 좋아하는 계절이 다가오고 있음에도
나는 쉽사리 웃지 못했다.

이토록 눈부신 계절을 마주하기 부끄러운 탓일까.
새삼 지나간 시간들이 그리워진 탓일까.
아직은 볕으로 나설 용기가 충분치 않은 탓일까.

심연의 공기 속에 스스로를 감추고만 싶어
사랑해 마지않는 계절을 앞에 두고도
나는 더욱 깊고 어두운 곳을 향해 찾아들었다.

한 줄기 빛이고 싶었던 날을 지나
어둠이란 이름으로 영원히 잦아들고 싶어졌다.

살아가는 법

어디든 도망치고 싶은 충동에 자주 휩싸였다. 그럴 때면 차라리 지구가 네모나기를 바랐다. 세상의 진리를 곧이곧대로 소화시킬 만큼 나는 여유롭지 못했고 끝없이 달려 도착한 곳에서 삶의 새로운 국면을 맞이하고자 했다.

그러나 새로운 곳이라 한들 무엇이 달라질까 하는 물음이 불현듯 찾아와 괴롭힐 때면 가던 길을 멈춰 회귀하는 것을 반복했다. 두 발 붙여 살아가는 곳에서 홀로 서는 법을 끝없이 강구했다.
세상을 네모나게 만들지 못할 바에야 나를 깎아 둥그렇게 맞춰가는 것을 택해야 했다.

흔들리던 날들

문득 울고 싶어졌다.

대단한 글을 읽은 것도 대단한 감성을 가진 것도 아닌데 이따금 찾아오는 울컥이는 감정을 타이르기란 쉽지 않았다. 그지없이 방황하고 흔들리는 게 청춘의 특권이라지만 머리칼을 비벼놓는 산들바람에도 옷깃을 스쳐 가는 건들바람에도 나는 넘어질 듯 위태로웠다. 아슬아슬하던 감정들이 하나둘 쌓여 이제는 목울대에서 울렁이고 있었다. 넘칠 듯 차오른 것들을 소화시킬 수 없다면 차라리 누군가 나서서 내게 모질게 말해주길 바랐다. 어차피 모든 것은 다 네 탓이지 않느냐고 쏘아붙여주기를 바랐다. 그것을 핑계 삼아 모두 쏟아내듯 울고 나면 괜찮아질 것도 같았다.

울음을 참는 것도 내뱉는 것도, 내게는 어느 하나 쉬운 일이 없었다.

가장 경계해야 하는 것은

익숙하단 이유로 가끔은 편하단 이유로,
내 곁을 떠나지 않을 거라는 자만으로
왜 가까이 있는 사람을 멀리하고
소중한 사람을 소중히 대하지 않게 되는 걸까.

그러지 않으면 그것이 무엇이든
끝내는 놓치게 된다는 걸 알면서도.

내가 만들어가는 나

우리가 존재하는 이유는 타인의 인정을 얻기 위해서가 아니다. 스스로 행복해지기 위해서는 자기 확신에 거리낌이 없어야 하고 타인의 영향에서 벗어나 진짜 자신을 마주할 수 있어야 한다. 삶의 원천과 영감을 자기 자신으로부터 찾고 자신의 내면에 귀를 기울이는 데 애써 살아가야 한다.

그럴 때에야 우리는 진정으로 행복할 수 있다.
타자와의 관계에서 벗어나 실로 자유로워질 수 있다.

그렇게 조용히 내 행복에 내가 취해
사는 것도 괜찮은 일이겠거니 싶다.

공유하는 행복

이 땅에서 나고 자라 살아가는 이들 중
누구 하나 소중하지 않은 사람은 없다.

때로는 우울한 감정에 빠져 자신을 책망하고
이따금 끝이 보이지 않는 슬픔에 삶이 치이더라도
같은 시대, 같은 행성에서 살아가는 우리 모두는
태어난 자체로 축복받아 마땅한 존재이기에.

나 아 가 기

과거만을 그리워하고 연연해서는 아무것도 해결되지 않아. 과거에 머무르든 현재에 충실하든 모두 나의 자유이고 선택이지만 동시에 그에 따른 결과와 책임마저도 내가 짊어져야 할 것들이지.

그렇다면 지나간 과거에 머물러 있기보다
앞으로 나아갈 미래에 집중하는 게 낫지 않을까.
어차피 살아가야 할 인생이라면 말이야.
살아내야 한다면 말이야.

그 래 도　이 왕 이 면

그래도 이왕이면 너는 수선화가 되었으면 좋겠다.
온갖 굳은 역경에 악착같이 살아남아도
반기는 사람 하나 없는 잡초보다는
겉모습만 좇는 이들에게 꺾이고 상처받는 장미보다는
짧은 시간 만발하기 위해
너무 오랜 시간 내어줘야 하는 벚꽃보다는

빼어난 아름다움으로 사랑받지는 못해도
많은 이들이 손꼽아 기다리는 그런 존재는 아니더라도

이왕이면 너는 너 자체로 행복한
수선화가 되었으면 좋겠다.

※ 수선화의 꽃말은 '자기애'이다.
   그리스 신화 나르시스의 이야기에 등장한다.

풍 파

이름 모를 것들이 부서져 흩어진 곳에는
내 몸 하나 헤집고 들어갈 자리가 나온다.
감사히 여기기에는 겨우 얼마간 자리할 테고
무심히 보내기에는 머물 곳 여기뿐일 테지.
떠날 때의 우리는 이름을 갖지 못한다.

먼저 떠난 것들에게 묻기를
모든 부서질 것들아,
너희는 흔적 없이 사라지는 법을 아는지.

똑같이 창문을 열고 또 가끔은 거리를 걸어도
그 향기 그 바람이 아닐 것인데.

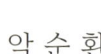

악 순 환

악순환도 이런 악순환이 없다.
표면적인 인간관계에 쩔쩔매느라 정작 소중한 사람에게는 따뜻한 말 한마디 할 줄을 모른다. 나를 이해해줄 것이라는 믿음 때문이라기엔 나는 너무도 반복적이고 무책임하다. 홀로 수십 번 곱씹으며 후회해보지만 새벽이 가져다주는 찰나의 반성일 뿐, 날이 밝으면 내 살 깎아먹기를 반복하는 식이다.

나는 무슨 까닭으로 나 자신만큼이나 소중한 사람에게 상처 주는 짓을 일삼고 있을까. 어째서 의미 없는 사람에게 몸과 마음을 다 주느라 나와 가까운 사람에게는 이토록 차가운 걸까. 비단 어제오늘만의 일이 아니다.

도망치듯 집을 나서는 길, 밥은 먹고 나가라는 엄마의 목소리가 오늘따라 더욱 애처롭다.

별 얘기는 아닌데

유난히 힘든 날이었어. 카페에 앉아 있는데 눈물이 날 것 같더라고. 오늘따라 더 쓰게 느껴지는 커피마저 없었으면 아마 울었을지도 몰라.

이어폰을 낀 채 재생 중이던 노래를 가만히 보다 1번을 길게 눌렀어. 알 수 없는 오류라고 뜨더라. 그래, 알 수 없는 오류. 언젠가부터 내 핸드폰에 단축번호 1번은 없었어. 의식적으로 설정해놓지 않은 건 아니지만, 그래서 난 그게 더 슬펐어. 마침 이어폰에서 흘러나오는 노래는 또 왜 그리 따뜻해서 마음을 울렁이게 하는지.

힘들고 우울할 때 연락할 사람이야 많지. 가족도 친구도 나에겐 모두 소중해. 나를 위하는 그들의 마음이 진심이라는 것도 알아.

맞아, 내 핸드폰에는 단축번호 1번이 없었어. 그리고 나에겐 내가 없었지. 삶에 중심이 없었던 거야. 그러니까 스쳐만 가는 바람에도 자주 그렇게 위태로웠겠지. 그런데 또 생각해보면 있지, 저장되어 있는 수백 개의 번호 중에 1번으로 설정해놓을 번호 하나가 없다는 거, 그것만큼 서러운 게 또 어디 있겠어.

그래, 사실 별 얘기는 아닌데.
그래, 그래서 괜히 아까는 진짜 울고 싶더라고.

자 화 상

과거를 고백하는 일은 언제나 힘들다.

추억이라는 이름의 포장을 벗겨내고
온전히 객관적인 시선으로
과거의 나와 마주하는 일.

먼저 손 내민 용기 있는 고백은
간혹 화살이 되어 돌아오기도 한다.
그 누구도 과거에서 온전히 자유로울 수는 없다.

우리는 모두
서로가 서로에게 상처를 줘가며
이만큼 성장해왔으니까.

스스로에게 주는 위로

힘든 날일수록 주변에 기대려 하지 말아야겠다.

행복은 나눌수록 배가 되고 슬픔은 나눌수록 반이 된다는 핑계로 내가 짊어져야 할 온전히 내 몫의 짐을 주변에 덜어내려 하지 말아야겠다. 주변에 기대어 받는 위로로 내 삶이 건재하다고 착각하지 말아야겠다.
그것조차 쉬운 습관이 되어버릴 테니.

나는 나 자신으로 충만하며 나 자신의 힘으로 일어설 수 있다고 믿는다. 내 우울과 설움, 자괴감이 내가 가진 내면의 힘으로 치유될 때 그것은 오롯이 나만의 경험이 되어 살아남을 것이다.
나는 나 자체로 온전해질 수 있다.
나는 생각보다 단단함을, 나의 내면의 강인함을 믿자.

수 요 일

수요일은 애매하다.
지금껏 버텨냈음에 기뻐하기에도
주말이 멀었다고 우울해하기에도 애매한 날.
이도 저도 아닌 그 중간쯤 어딘가,
라는 단어가 어울리는 요일.
달력에 자리한 일곱 개의 칸 중
어느 쪽에도 끼지 못하는 존재.
나는 수요일에게 매정하다.
수요일의 나에게 매정하다.

사는 게 다 그렇지
라는 말로 스스로를 위로하며 살아가기에
우린 정말 괜찮은 걸까.

원 색 의 진 가

다채로운 사람이 되고 싶었다.
다양한 모습을 지녀서 주변의 분위기에 자연스럽게 녹아들 줄 알고 애쓰지 않아도 시시각각 변화하는 상황에 자연히 맞춰갈 줄 아는 사람.

하지만 지금의 나는 원색의 사람들을 찾아 나서게 된다.
이를테면 조금은 고집스러워 보여도 자신의 주관이 뚜렷하고 변함없는 사람.
진정한 '나다움'이 무엇인지 아는 사람.
남들의 평가와 주변의 시선에 흔들리지 않고
"검정색이 왜 어둡기만 해, 빛에 지쳤을 때 포근함을 주는 색이지."라고 말할 수 있는 사람.

그런 사람들 옆에서 나도 나만의 색을,
하나의 분명한 색을 띠고 살아가고 싶다.
조금은 고집스럽지만 나만의 원칙을 지니고 사는
그런 사람으로 살아가고 싶다.

과 거 의 나

지나고 나니까 지금에서야 별것 아닌 일이지.
사실 당시의 나는 누구보다 힘들었거든.
별것 아닌 일에 그땐 왜 그렇게 힘들어했을까,
라고 하기보다 힘들었던 그때의 나를 위로해주고 싶어.

맞아 그땐 그게 정말 힘들었지,
당시의 나는 많이 약해져 있었지,
그때의 난 자주 무너졌었지
하고 말이야.

보이지 않으니까

살아가는 데 소중한 것들은 대개 눈에 보이지 않는다.
이를테면 사랑이나 행복 또는 추억 같은 것들.
실체가 없어 꼭 쥐거나 담아두지 못하는 것들.
그러나 손으로 쥘 수 없고 주머니에 넣어 다닐 수 없기에
더 애틋하게 느껴지는 것들.
그렇기에 우리는 순간에 충실히, 그 소중함을 마음껏 느끼며 살아야 한다.

나는 나 자체로 온전해질 수 있다.
나는 생각보다 단단함을, 나의 내면의 강인함을 믿자.

모 순

내리는 비를 창문으로 지켜보는 기분은
다소 묘한 구석이 있다.
다행히 실내에 있어
비로부터 보호받고 있다는 생각과 동시에
밖으로 뛰쳐나가 비에 흠뻑 젖고 싶다는
모순적인 감정이 들기도 한다.

비단 내리는 비를 볼 때만 그런 것은 아니다.
나는 자주 그래왔다.

항상 누군가로부터 혹은 어딘가로부터
보호받고 싶어 하면서도
때로는 자주 그 틀을 깨고
밖으로 뛰쳐나가고 싶었다.
막상 밖으로 나가서는
다시 안락한 실내를 그리워하게 될 줄 알면서도.

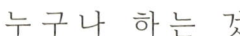

누구나 하는 것

누구든 죽을 때가 되면 각자 나름으로 후회를 한다고 하던데. 언니, 후회는 왜 하는 걸까.

있지, 후회에 이유는 없어.
애당초 이유를 모르는 일들엔
'원래'라는 수식어가 만능처럼 붙듯이
후회라는 건 말야, 누구나 하는 거야. 그냥 '원래' 말이야.
궁궐 안 백만장자의 삶이든 다리 밑 노숙자의 삶이든
세상을 떠날 땐 누구나 아쉬운 것만 생각나기 마련이거든.
살아온 삶이 잘못되어서도 옳지 못해서도 아니야.
후회는 자연스럽게 하는 거지.
그건 그냥 세상에 마지막으로 남겨두는
유산과도 같은 거야.

그러니 자꾸만 후회하는 삶이라고 해서
자괴감을 가질 필요는 없는 거고.

어떤 노래는 꼭 일기장 같아

당시의 기운을 생각나게 하는 노래가 있다.
그때의 바람, 그때의 온도, 그때의 냄새까지도 떠올리게 만드는 음악이 있다.
노래는 흡사 청각의 필름.
어쩌면 나는 과거의 많은 부분을 그것으로 기억하고 있는지도 모른다.

가끔은 아프고 가끔은 홀가분하고
또 가끔은 이상하리만큼 미안할 때가 있다.

달갑잖은 변화

하고 싶은 일이 있어도, 원하는 무언가가 생겨도
세상엔 나보다 잘난 사람들이 너무 많은데, 하고
지레 겁부터 먹게 된다.
없는 건 철, 있는 건 용기라며
앞뒤 재지 않고 행동하던 그 아이는 어디로 갔을까.
무엇을 하고 누구를 만나든
방어 태세에 도망갈 자리부터 살펴놓는
키만 큰 겁쟁이는 어디서 왔을까.

설 명 할 수 없 는 일 들

바라보기만 해도 이유 없이 슬퍼지는 것들이 있다.
잠든 엄마의 얼굴을 보고 있노라면 자주 그랬다.

놓아 줘야 할 때

간절히 염원해도 손에 쥐어지지 않는 것들이 있다.
내 의지와 상관없이 돌아오지 않는 것들.
가지고 싶어 아무리 세게 쥔다 한들
움켜진 주먹 사이로 빠져나갈 때는
그때는 처음부터 내 것이 아니었음을 받아들여야 한다.
가벼운 웃음으로 놓아줄 수 있어야 하는,
본래 나와는 상관없는 욕심이었음을.

맞아 그땐 정말 힘들었지,
당시의 나는 많이 약해져 있었지,
그때의 난 자주 무너졌었지
하고 말이야.

결국 나만이

결국 내 삶을 바꿀 수 있는 것은 나 하나뿐이다.
나를 진심으로 사랑해주는 이도,
내가 온 마음을 다해 사랑하는 이도
어떤 상황에서도 내 삶을 근본적으로 바꿔줄 수는 없다.
그것을 할 수 있는 유일한 주체는 나뿐이다.

어떤 답이든 스스로 결정해야 하고
어떤 결정이든 스스로 답을 내려야 한다.
그렇지 않은 것은 내 것이 될 수 없다.
그렇지 않은 것은 내 것이 아니다.

위로, 그 어려움

내게 가장 소중한 네가 자신을 잃어갈 때
곁에 있는 나는 무슨 말을 해줘야 할지 모르겠어.

쉬운 말로 위로하기엔 너의 상처가 너무 크고,
옆에서 가만히 지켜만 보고 있기엔
네가 내게 너무 소중한 존재여서 마음이 아리는 걸.
어떻게 해야 네게 손이라도 한번 내밀어볼 수 있을까.
어떤 말과 행동도 지금은 위로가 되지 않는다는 걸 알면서
그럼에도 네 곁에서 너의 아픔을 함께하고 싶은데.
그럴 때 나는 어떻게 해야 좋을까.

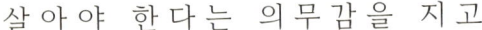

살아야 한다는 의무감을 지고

며칠째 존재에 대한 의심을 떨칠 수 없다. 나의 존재 혹은 존재하는 나에서 시작된 생각은 이제 영역과 범주의 경계를 넘어 삶의 모든 문제로까지 번지게 되었다.

삶이 존재하기에 살아가는 건지, 살아가기 때문에 삶이 존재하는 건지. 최선을 향해 달려가는 것인지 최악을 피해 나아가는 것인지. 내게서 사라진 모든 것들이 나를 떠나간 것인지 실은 내가 떠나온 것인지. 모든 존재하는 것과 그것의 역(逆)이라 할 것들이 나를 헷갈리게 한다.
실상은 무엇인지도 모른 채 좋을 대로 생각하게 만든다.

살아있는 매 순간이 문제의 연장선이다.
지금 내가 존재하는 것은
어떠한 가정도 그로 인한 결과도 아닌
차라리 살아가야 한다는 의무감에 더 가까웠다.

아무도 모르는 나만의 길

어차피 우리는 모두 흔적 없는 길을 가고 있다. 괜한 서러움에 중간중간 뒤돌아보기는 하겠지. 밤낮 없는 외로움은 인간에게 주어진 태초의 선물이라고 믿는다. 어디가 이 길의 끝이고 어디가 쉼터인지 알려주는 표지판 하나 없는 이 길을 나는 또다시 발이 부르트도록 걷겠지.

구태여 소리치지 않으면 아무도 모르는 나만의 길. 내가 마지막이라고 단언하면 그만인 곳에 멈추리라. 끝이라고 생각되는 곳에 서서 이만하면 되었다 매듭지으리라. 나는 이것으로 만족한다고 그렇게 외치리라. 그러곤 떠날 때가 되면 꼭 안개처럼 사라지리라. 언뜻 눈으로는 보이나 손으로는 쥘 수 없는 형체로 그렇게 서서히 사라지리라.

어두운 밤 우연히 마주친 고양이는 사람을 경계하며 물러선다. 고개를 들어 주위를 둘러봐도 사람 한 명 보이지 않는 텅 빈 길이다. 떠나는 고양이를 보며 더는 슬프지도 않은 마음에 덤덤함이 고요히 자릴 잡는다.

이 방 인

새벽마다 짐을 싸고 풀기를 족히 두어 번은 반복한다.

떠나고픈 마음은 저 먼발치에 앞서가는데 두려움이 자꾸만 발목을 잡는 탓에 나는 어떠한 결정도 섣불리 내리지 못하고 애꿎은 가방의 지퍼만 만지작거린다. 새벽 무렵의 감정은 공기 중에 떠다니는 먼지 같아서, 매번 제시간에 떠올랐다 아침이 되면 모두 가라앉는다. 아침이 되어 가라앉는 것들 중 진정 무게가 있는 것은 몇이나 될까.

스스로 만들어놓은 틀을 깨버리는 것에 두려움을 느낀다. 준비가 덜 된 탓인지 혹은 용기가 부족한 탓인지 일상의 틀을 깨고 쉬이 먼 곳으로 떠나가지 못한다.

수평선 너머 이름 모를 마을의 파란 눈을 한 사람들 사이에서 철저한 이방인으로 지내는 것이 간절했으면서도. 바다 건너 사는 이들의 새벽과 마주치지 않는 삶을 동경해왔으면서도. 매일 아침 산 너머 떠오르는 햇살처럼 멀리서 바라는 보되 쥘 수 없는 존재가 되는 것을 바라왔으면서도.

나는 끝내 그렇게 하지 못한다.

인 간 관 계

사람을 만나는 게 힘들어졌다.
새로이 형성된 관계든 오래되어 단단한 관계든.
혼자인 게 좋아졌고 대꾸하지 않는 것이 편해졌다.
다른 이들의 하잘것없는 가십거리가 된다고 해도
인간관계의 홍수 속에서 이리저리 휩쓸려
뒷방 구석으로 전락한다 해도
당분간은 누구도 만나고 싶지 않다는 생각이 계속됐다.

스스로를 틀에 가둔 채 지내는 것도
그리 나쁘지 않을 것 같다.
많은 가지를 지니기보다
튼튼한 뿌리를 가진 나무가 되고 싶어졌다.

잠 못 이루는 밤

한참을 내리다 그친 뒤 이제는 지붕 끝에서 똑똑 떨어지는 빗방울 소리. 갈 곳 잃은 고양이의 온 새벽 내내 휴지통을 뒤지고 다니는 발걸음. 반쯤 얼굴을 가린 달을 대신하는 가로등의 불빛. 달그락거리는 커피 잔 속 몇 번 휘젓다 식어 버린 티백. 낮은 소리로 빈 공간을 메우는 전자기기의 소음. 펼쳐진 일기장과 두어 줄 이후 끊긴 문장들. 그 뒤로 아무렇게나 꽂혀 있는 문양 없는 책갈피. 반납 기한을 지키지 못한 소설책 두 권. 시스템 종료보다 절전모드가 익숙한 노트북. 밤으로 젖어들고자 불을 끄고 마주하는 스탠드의 열감. 어쩐지 내게 익숙한, 반복해서 듣는 한 곡의 노래.

잠 못 이루는 밤 내 곁에 존재하는 것들.

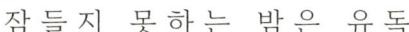

잠들지 못하는 밤은 유독

깨어 있는 자들의 밤은 유난히 길다. 하루가 고된 날엔 해야 할 일마저 모른 체하고 한시바삐 잠자리에 들기 일쑤였지만, 흘러가는 시간이 아까운 날엔 눈을 비벼가며 억지로라도 잠들지 않으려 애썼다. 요즘의 나는 후자에 가깝다.

하루가 만족스럽지 못해서인지 흘러가는 시간이 아까워서인지 그것도 아니라면 그저 새벽과의 조우를 기다리는 건지. 하여튼 요즈음의 나는 쉽게 잠들지 못한다. 혹자는 고민이 많아서 그래, 라고 하지만 밤을 거쳐 가는 내 생각들은 고민이라고 하기에는 하등 쓸데없고 영양가 없는 것들이 많다. 그러다가도 어느 순간 전등불의 스위치가 꺼지듯 깊은 어두움에 빠질 때가 있는데 이르면 두 시, 대개는 서너 시 주변인 듯하다. 밤이 깊어지니 자연스러운 과정이라고도 생각하지만 사실은 가장 차분해지는 그 시간을 내가 기다리는 것일지도 모른다는 생각이 든다. 어쩌면 나는 부산했던 하루를 정리할 시간이 필요했던 것이라고.

그러나 밤이 깊어갈수록 새벽이 가까워지고 창밖의 해가 어스름히 발돋움하는 것을 보고 있노라면 어느새 또 아침이 왔구나 하는 생각에 흘러간 지난밤이 아쉬워지기 마련이다. 그렇게 흘려보낸 밤들이 썩 마음에 들지 않아 매일 밤 오늘은 일찍 잠들어야지 하고 다짐하지만, 그럼에도 여전히 쉽게 잠들지 못하는 나를 발견한다.

깨어있는 자들의 밤은 유난히, 언제나 길다.

결국 외로움이란 스스로 만들어낸 감정이기에
우리는 누군가의 곁에 자리할 때에도
한번씩 공허해지는 근본적인 외로움에서
완전히 벗어날 수 없다.

내 것의 무게

불쑥불쑥 찾아오는 다른 이의 삶에 조언해주기에는
나는 사실 내 것 하나 지고 살아가기에도 버거운 사람이다.

삶이 힘들지 않은 자가 얼마나 있을까.
괜스레 느껴지는 인생의 권태로움을
나에게만 닥치는 거대한 시련인 양
착각하지는 말아야 할 텐데.

평범하게 사는 게 제일 어렵다.
그렇다고 내가 비범한 인물인 것도 아닌데.

어쩔 수 없는 일

자유의지로 제어할 수 없는 일들이 많다.
흘러가는 시간 같은, 태초부터 우주의 몫이었던 것들.
계절의 흐름이나 인간의 생과 사 또한 다를 것은 없다.
너와의 만남과 헤어짐 역시 내 의지를 벗어난 일이었다.
운명이라는 이름으로 포장하기에 너는 내게 과히 서러운 존재다.

향 수 병

약도 없다는 향수병이다. 졸업 책자를 받은 지 한참이나 지났음에도 나는 학교 운동장 언저리에 홀로 우두커니 서 있다. 이제 그만 밖으로 나가 더 큰 세상을 품어야기 하는 울림은 매번 내 안에서만 고동치다 그대로 갇혀버린다. 길지도 않은 몇 년 새 성인이라는 이름의 무게가 나를 짓누르고 있다. 허나 성인으로서 짊어져야 할 무게라기엔 지금의 나와 그때의 나는 겨우 종이 한 장 차이일 뿐이다.

이제는 아무것도 모르면서 다 아는 척했던 열다섯 살의 패기마저 부럽다. 지금의 나는 다 알게 되었으면서도 모르는 척하고 있는 때가 많다. 몸은 이만큼이나 자랐음에도 생각은 그 시절 그때에 머물러 있다. 친구들과 아프다는 핑계로 자주 빼먹었던 운동장 뜀박질이 이렇게나 간절해질 줄은 몰랐다.

어깨 통증이 점점 심해진다. 병원을 다녀봐도 더는 소용이 없다. 아무래도 약도 없다는 향수병이다.

오래된 친구

오래된 일기장을 찾아 읽었다.
몇 년의 세월이 흘렀고
주변은 변하지 않은 것보다 변한 것이 더 많았음에도
여전히 지금과 비슷한 어린 시절의 내가
그곳에 자리하고 있었다.

누군가 그랬다.
사귈 수 있는 가장 좋은 친구는 자기 자신이라고.
그때의 나와 지금의 나는 굉장히 닮아 있다.
우리는 좋은 친구가 될 수 있을 것 같다.

일상이 방랑

매일을 방랑객처럼 살아도
아무 탈 없는 삶이 있다고 믿는다.
어느 한 곳에 정착하지 못하는 나와 같은 이의 삶도
당연하게 여겨지는 곳이 어딘가에는 있다고 믿는다.

오늘도 그런 믿음으로 나와 다른 이들 사이에서 살아간다.

하나 정도는

한차례 폭풍이 쓸고 간 자리에는
내 몸 하나만이 남아 있을 것이다.
걸칠 옷자락도, 맨땅으로부터 발을 구해줄
신발 한 짝도 없을지 모른다.
기댈 곳 없는 환경에 철저하게 혼자인 상태로
처음엔 눈물도 조금 나겠지.

그럼에도 나는 다시 옷을 찾아 입고 신발을 신을 것이다.
헝클어진 머리를 빗고 공허해진 마음을 채울 것이다.
두 번이고 세 번이고
폭풍이 다시 오지 않으리란 보장은 없으나
두 번째에도 세 번째에도
여전히 흐트러진 스스로를 단정히 할 것이다.
그럴수록 옷매무새를 가다듬고

텅 빈 마음을 채워나갈 것이다.

그러다 보면 그다음 폭풍에도 또 그다음 폭풍에도
모든 것을 잃었다는 고통에 전과 같이 아파할지언정
되도록 빨리 추스르고 일어나는 법 하나 정도는
내 것이 되지 않을까.
적어도 그것 하나 정도는 내게 남게 되지 않을까.

3

———

인생은 오래달리기, 서두르지 말 것

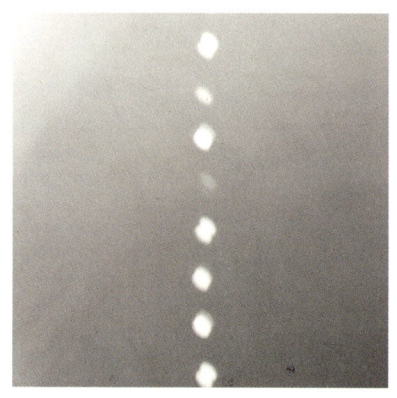

모든 것은 자신만의 시간 속, 자신만의 방식으로 피어난다
조급해할 이유가 조금도 없다
싹을 틔우고 열매를 맺는 시간은 모두가 다른 법이다

구 름 처 럼 산 다

무거운 구름처럼 산다.
온갖 감정을 모아두었다가
내려보낼 때가 되면 내려보낸다.
형상은 꽤 다양해서
빗줄기일 때도, 눈송이일 때도
때로는 우박일 때도 있다.
반기는 이도 있고 반기지 않는 이도 있다.
우박일 때도 반기는 이가 있고
눈송이일 때도 반기지 않는 이가 있다.

그러면 나는
반기는 이들을 위해 산다.
반겨주는 이들을 위해 내린다.

나도 내가 처음이지만

열심히 뛰어다녀도
하루를 쉼 없이 보내도
남는 건 세 시간 남짓이 전부인 요즘.

나한테도 내 인생은 처음이라 자주 어렵지만
그렇다고 좌절만 하며 살아가기엔
이 또한 다시 오지 않을 순간임을 기억해야지.

이따금 포기하고 싶어질 때면
아직은 너무 많은 시간이 존재함을,
세상을 등지기에 나는 여전히 어리고
내 곁엔 이렇게나 좋은 사람들이 많음을 되새겨야지.

각자의 정의

자신이 생각하는 대로 사는 건 꽤 중요한 일이야.

엄마는 자주 그렇게 말했다.
한 해 한 해 시간이 지나고
시시각각 바뀌는 나이의 모양새가 어색해질수록 생각한다.
정말 그런 것 같다고.

다른 이의 말에 지나치게 귀 기울이며 살지 않는 것.
내가 정한 나의 가치에 우선순위를 부여하는 것.
자신을 중심에 두고 살아갈 때에야 삶은 굳건해지니까.

그렇지 않다면 비바람에 나부끼는
여리기만 한 잎사귀와 다를 게 무엇일까.
내 삶은 내가 정한 대로 흘러가고

다른 이는 쉽게 내 삶에 영향을 줄 수 없다는 태도.
살아가는 데 가끔은 꼭 필요한 고집일지 모른다.

좋아하는 공간

서촌으로 가고 싶은 날이 있다.

고향은 아니지만 고향에 있는 듯한 느낌을 받고 싶을 때, 그럴 때 나는 서촌으로 향하곤 한다. 삶의 반대편에서 이리저리 휩쓸리고 돌아온 거리에서 맞아주는 것은 겨우 칼바람뿐일 때, 그럴 때 나는 서촌의 따스한 햇볕을 생각하게 된다. 그곳의 카페에서 느껴지는 진한 나무 냄새와 골목에 자리해 있는 투박한 걸음들의 자국을 떠올리게 된다. 서촌의 분위기와 생김새는 세상에 상처받아 날카로워진 마음을 무뎌지게 하고 언젠가는 떠나고야 말겠다는 다짐도 저버리게 한다.

그런 공간은 사람마다 달라서 어떤 이에게는 삼청동일 수도, 어떤 이에게는 이태원일 수도, 어떤 이에게는 광화문일 수도 있다.

회색빛이기만 한 서울의 한복판에 한구석쯤 나를 위해 채색해놓은 공간이 필요할 때, 차가운 도시의 쇳덩이 건물 사이에서도 노란 꽃망울 하나 피워낼 자리를 마련하고플 때, 그럴 때 나는 서촌에 간다. 그럴 때의 나는 서촌으로 향한다.

한 번의 희망

런던에서 맡은 향기로 살아간다. 스위스에서 스쳐 보낸 바람으로 살아가기도, 파리의 밤거리에서 마주친 눈동자 때문에 살아가기도 한다.

좋은 곳에서의 좋은 추억이란 꼭 세상이 내게 허락한 몇 안 되는 도피처 같아서 단순히 인생의 한 페이지를 장식하는 것 이상의 의미를 지닌다. 마치 세상이란 넓은 종이에서 한 귀퉁이 정도를 접어두고 내 공간을 만드는 것과 비슷한 모양새를 띈다. 끝없이 팽창하는 우주에서 내가 올라설 자리는 한 뼘도 없는 것 같을 때, 뜻대로 되지 않는 매일에 지쳐 더 이상은 삶과 대적하고 싶지 않을 때 나는 자주 그곳의 존재를 떠올린다.

어쩌면 인생이란 애당초 한 번의 희망으로 아흔아홉 번의 좌절을 견뎌내야 하는, 적잖이 불공평한 것이니까. 우리는 소위 추억이라 부르는 그 찰나의 장면에 의지해 버티고 살아가는 것인지도 모르겠다.

추억, 말하자면 삶을 포기하지 않게 하는 일련의 집합들. 삶의 이유와 의미가 고갈되고 살아온 날과 살아갈 날의 간극이 멀어져 흐릿해질 때, 꿈이라는 단어가 약속하는 무언의 희망마저 퇴색되어 나를 절망케 할 때, 그럴 때 돌아보면 얼마든지 다시 나아갈 수 있게끔 하는 것들. 지금까지의 발걸음이 헛되지 않았고 앞으로의 발걸음 또한 헛되지 않을 거라고 말해주는 것들. 내 삶 한편에 조용히 자리하고 있는 그 추억들은 내게 그런 역할을 한다.

그런 기억들이 계속해서 쌓여나가기를 진심으로 바란다. 내 인생의 끄트머리, 겨우 한 귀퉁이 정도 접힌 그곳은 나의 모든 것에 영향을 미친다. 그리고 나는 그 영향력으로 살아간다. 모든 기화될 것이 날아간 뒤에도 변함없이 자리를 지키는 침전물처럼, 나는 그것의 영향력으로 살아낸다. 이십 센티 남짓한 발자국을 남긴 곳에서 얻어온 바람의 온도와 풀의 향으로 살아간다.

그래서일까. 한 번의 희망과 아흔아홉 번의 좌절로 이뤄지는 인생이라 해도 결코 슬퍼하지 않는다. 그 한 번의 희망이 내게는 전부가 된다. 그 한 번의 희망이 나를 살아가게 한다.

따뜻한 것들

따뜻한 계절이 왔으면 한다.
강가에 아무렇게나 돗자리 하나 깔아두고
좋을 대로 틀어놓은 노래를 누워서 듣다가
일몰할 때 맞춰 노을 지는 하늘을 바라보면서
그래도 춥지 않은 날씨에 온종일 풀밭에서 뒹구는.

어두운 밤이 되어서야 선선한 바람 맞으며 집으로 돌아가고
여전히 남아 있는 따듯한 공기 피부에 스쳐 감을 느끼는
그런 날씨와 그런 계절.

나는 따뜻한 것들이 좋다.
나를 따뜻하게 만드는 것들이 좋다.

평범한 행복

별일 없는 날이었다.
소위 말하는 지극히 평범한 날.

자주는 아니어도 이따금 마주하는 이런 날이면
나는 유독 행복이란 게 뭐 별건가
싶은 생각이 드는 것이다.
행복이란 그저 남에게 피해주지 않으면서
각자 자기 좋을 대로 살아가는 거 아닐까.

평범하기에 기쁘고, 가끔은 부족해도 감사한 나날.
그런 날들이 지속되기를 두 손 모아 간절히 바라는 것.
앞으로 내 삶의 주된 기도가 되리라는 생각을 해본다.

저 마 다 의 속 도

자전거를 타고 달리다 보면
나를 앞질러 가는 수많은 자동차들을 마주하기도 하고,
나 역시 걸어가는 사람들을 수없이 앞질러 가기도 한다.

그렇게 사람들은 저마다의 속도로 살아간다.
너무 빨리 가서 도착한 곳에 아무도 없진 않을까
혹은 너무 느려서 혼자만 뒤처지는 건 아닐까
하는 중요치 않은 생각에 마음을 뺏길 이유는 없다.

그저 내게 맞는 속도를 알고
그것을 유지하려는 것이 중요하다.
타인과 비교하는 데 마음 쓰는 삶이 아닌
내 삶을 사는 일이 무엇보다 우선이 되어야 한다.

불빛이 연기처럼 흩어진다.
자주 쉬어 가지 않아도 되는 것들.
그에 비해 중간 중간 쉼표가 필요한 내 인생.

273번 버스

어제는 아주 오랜만에 273번 버스를 탔다.

누구에게나 익숙하고 편안한 버스 노선이 하나쯤은 있을 것이다. 내게는 273번 버스가 그렇다. 이십 년 동안 살던 고향을 떠나 겨우 몇 년째 살아가고 있는 도시의 버스가 뭐 그리 편안하느냐고 물으면 글쎄, 나도 그게 참 신기하다. 273번 버스가 어느새 내게 그런 존재가 되었다는 것이. 학교에 갈 때, 집에 돌아올 때 거의 매일 타던 버스를 반 년 만에 다시 타니 기분이 적잖이 어색하다. 익숙한 낯섦이랄까. 아니, 낯선 익숙함이 더 정확하겠다.

가끔 어떤 사물을 보면 그에 연관된 사람이나 상황이 기억나곤 한다. 이를테면 싸이월드 미니홈피나 손바닥 절반 크기의 MP3 같은 것들은 근 십 년이 지났음에도 여전히 내

학창시절의 기억을 떠올리게 하는 물건들이다. 그리고 의식하지 못한 사이 이제는 273번 버스도 내게 많은 것을 떠올리게 하는 고유명사가 되어 있었다.

학교 앞 정류장에서 273번 버스를 기다리면서, 버스에 올라 타 교통카드를 찍으면서, 통로를 지나 빈 의자에 앉아 귀에 이어폰을 꽂으면서 나는 몇 분도 채 되지 않는 그 짧은 시간 동안 무작위로 떠오르는 많은 이들의 기억에 사로잡혔다. 지금도 전화 한 통이면 언제든 볼 수 있는 사람들이지만 이제는 상황이 예전 같지 않다는 것을 서로가 알고 있어, 이럴 때면 드는 아쉬운 기분을 달래기가 쉽지 않다.

한 해, 두 해 지나 보내며 각자의 길을 찾아가고 나름의 계획에 따라 잘 살아가고 있지만 이따금 273번 버스를 탈 때면 어김없이 떠다니는 많은 생각들. 스무 살 혹은 스물한 살로 기억되는 그때의 우리들을 쉽게 모른 체할 수 없다.

누군가 내게 "그때로 돌아갈 수 있다면 돌아갈래?"라고 묻는다면 나는 긴 고민 없이 고개를 좌우로 저을 것이다. 그래도 나는 여전히 그때의 우리, 그때의 사소한 고민들, 그때의 분위기, 그때의 쓸모없지만 유쾌한 열정을 그리워한다. 그러다 괜스레 그들이 보고 싶어 보낸 "뭐해?"라는 문자 한 통에 오래지 않아 돌아오는 답장을 보며 미소 짓기도 한다.

오랜만에 타는 273번 버스는 기분을 이상하게 한다. 정확히는 좋다는 의미다. 더 정확히는 그립다는 의미다.

바뀌지 않는 것

어디를 왜 가는지도 중요하지만
가장 중요한 것은 누구와 가느냐의 문제가 아닐까.

도착지와 방향, 이유와 목적이야
동행자에 따라 언제든 바뀔 수 있는 것이니까.

미련이 없다는 건

가끔은 그때 내가 이랬더라면, 혹은 저랬더라면 하는 부질없는 생각에 사로잡히게 된다. 지금 와서 그런 생각을 하는 것이 아무 쓸모도 없는 일임을 왜 모르겠느냐마는. 긴 코트 자락이 바닥에 질질 끌리듯 남은 미련들을 그렇게 떠올리다 보면 정말로 미련을 보내줄 수 있는 때가 오는 것이다.

생각해보면 미련이 없다는 건 처음부터 현재의 선택 이외의 것은 생각도 하지 않는 것이 아니다. 다시 한번 같은 상황을 마주하게 된다고 해도 '아니야, 됐어. 그래도 내 선택은 같았을 거야.' 하는 자기 확신에서 오는 것 같다.

비우고 다시 채우고

비 온 뒤 선선한 밤바람이 좋았던 여름도 이렇게 간다.
일 년의 절반이 지났다는 것을
이제는 정말로 부정할 수 없다는 듯 그렇게 여름도 간다.

다가오는 가을은 또 어떤 날들로 가득하게 될까.
길지도 짧지도 않은 서너 개월 동안
내가 얻을 건 무엇이고 버려야 할 건 무엇일까.
가게 될 방향은 어디고 만나게 될 사람들은 누굴까.
그 안에 나는 얼마나 있으며
또 우리는 얼마나 함께하게 될까.

다가오는 매일을 나는 어떤 날들로 채워가야 할까.

가벼운 습관

좋아하는 글이나 책의 구절은 매일 읽어도 지겨워지지 않는다. 오히려 읽을 때마다 더 좋아지거나 매번 새로운 감정을 느끼기도 한다. 그래서인지 나는 자주 그런 구절들을 곱씹곤 한다.

그것은 이제 일종의 습관이 되었다. 매일 아침 일어나서 물 한 잔을 마시는 것과 비슷한 습관. 하지 않는다고 크게 달라질 건 없지만 그러지 않으면 괜히 허전한 그런 습관. 그리고 결국 내 삶을 이루는 것은 그런 작은 습관들이다. 삶이란 무언가 대단한 사건이 아닌 그런 작은 습관들이 모여 이루어지는 것이다.

사람도, 사물도
내가 사랑하는 것들은
오래도록 곁에 두고 찬찬히 보고 싶은 것

누구나 다들

세상에 나쁘기만 한 사람은 없다는 것을
새로운 곳에 가 새로운 사람을 만날 때마다 떠올리게 된다.

내게는 그들이 처음 만난 새롭고 낯선 사람일지 몰라도
그들도 누군가의 딸이고 아들이며 언니이고 형일 것이다.
사랑하는 애인도 있을 것이고
존경하는 선생님도 있을 것이며
고민이 있을 때 가장 먼저 털어놓는 친구들도 있을 것이다.
또 가끔은 그들이 누군가에게 그런 친구이기도 할 것이다.

이런 생각을 하면 이상하리만치 마음이 편안해진다.
세상에 나쁜 사람이 왜 없겠느냐마는
적어도 이런 생각을 하는 동안에는
그들도 다 나와 비슷한 사람처럼 느껴진다.

세상에 온전히 나쁘기만 한 사람은 없다고 믿고 싶다.

적어도 착하게 사는
평범한 사람들이 더 많다고
믿고 싶다.

나도 그들에게 그런 사람일까?
대단한 자신은 없지만 그랬으면 좋겠다.
그러기를 바란다.

모두가 다른 시간을 산다

뿌리를 내릴 흙 한 줌 없을 것 같은 벽돌 틈 사이로
노란 꽃망울 하나가 싹텄다.
정말이지 모든 것은 자신만의 시간 속,
자신만의 방식으로 피어나는 법인 듯하다.

조급해할 이유가 조금도 없다.
싹을 틔우고 열매를 맺는 시간은
모두가 다른 법이다.

가끔은 낯선 것도 괜찮다

낯선 사람, 낯선 기분.
'낯선'이란 수식어는 언뜻 부정적인 단어처럼 들리지만
좌절과 절망으로 삶의 밑바닥까지 내려간 사람들에게
때로 마음 편한 도피처를 마련해주는 단어가 되기도 한다.

우리는 도망치듯 도착한 낯선 곳에서
낯선 사람들, 낯선 공간을 마주할 때
새로이 시작할 수 있는 힘을 얻곤 한다.
새로운 희망을 발견하기도 한다.

그것이 우리가 때로 낯선 곳을 찾아 나서야 하는,
자발적으로 발걸음을 옮겨야 하는 이유기도 하다.

어쨌든 행복

결국 모든 삶의 종착역은 행복이어야 한다.

모든 말과 모든 행동의 목적도,
종국에는 행복을 위해서여야 한다.

흘러가는 대로

지금이 딱 좋다.
모두가 제 갈 길을 따라 움직이고 있다.
아쉽다고 생각하는 순간조차도
그저 충실히 시간을 따라 흐르는 중이다.

어떤 큰 감정의 파도에도 휩쓸리지 않는 것.
때로는 고여 있는 것들이 내 발목을 잡아도
'원한다면 그러렴, 다만 나는 계속 흘러갈 테니.' 하는 것.
바위를 빽빽하게 만드는 이끼에게는 눈길도 주지 않는 것.
오직 내가 바라는 것은 이뿐이다.

변한다는 것, 남는다는 것

시간의 흐름으로 내게서 자연스레 멀어진 것보다 다가올 시간, 새롭게 마주할 계절 안에서 내게로 오는 것이 더 많았으면 좋겠다. 품 안에 있는 것들은 여전히 곁을 지켜주었으면, 그릇이 작아 품지 못했던 것은 나를 더 넓혀주기 위한 날갯짓을 시작했으면 좋겠다.

지금 내게 소중한 것들이 몇 년 후에도 여전히 소중한 존재였으면, 나를 소중히 생각해주는 이들의 마음속 내 자리 또한 여전히 건재했으면 좋겠다.

적당한 거리

아무리 가까운 사이라도 어느 정도의 간격은 늘 필요한 법이다. 어쩌면 가까운 사이일수록 그런 간격이 더 필요한 것인지도 모르겠다.
서로가 마련해놓은 선을 넘지 않고 때로는 의식적으로 어느 정도의 거리를 두는 것. 오래 지속되는 관계의 비결은 그런 것이 아닐까.

햇볕 좋은 날

날씨가 좋다.

드문드문 보이는 길가의 꽃도 예쁘고 그 곁에 자리한 풀도 귀엽다. 과분하리만큼 행복한 건 오랜만이다. 이런 날 이런 기분이 들 때면 나는 꼭 열심히 살고 싶어진다. 나중에 하자며 밀어두고 묻어두었던 일들을 꺼내어 정리할 용기가 생긴다.

나는 이런 날이 좋다.

새로이 오는 것은 오는 대로 받아들이고 지나간 것은 이유가 무엇이었든 넓은 마음으로 이해할 수 있게 해주는 날. 굳이 볕 좋은 때를 기다린 다음에야 먼지를 털어내고 햇빛을 마주하는 이유다.

오늘은 날씨가 참 좋다.

결국 모든 삶의 종착역은
행복이어야 한다.

하나뿐일 날들

헤어짐이 아쉬운 이들의 인사를 뒤로하고 버스에 올랐다. 내가 좋아하는 자리가 비어 있음을 확인하고 그리로 가 앉는다. 밤에 타는 한적한 버스를 좋아하는 이유다.

일렬로 서서 신호를 기다리는 차들은 아침과 달리 한껏 온순하다. 불규칙한 얼룩으로 더럽혀진 창문 밖으로 아직 문을 닫지 않은 상점들의 네온사인이 빛난다. 우산을 쓰지 않아도 별문제 없을 정도의 가랑비는 마치 누군가의 의도인 양 제법 운치 있는 밤거리를 만들어낸다.
낮에 내리는 소나기와 달리 저녁의 가랑비는 마음을 차분하게 한다. 빠르게 달리는 차들로 뜨거워진 아스팔트를 식혀주고 이별하는 사람들의 귀갓길을 외롭지 않게 한다. 창문에 다닥다닥 붙은 빗방울이 좋아 닿지 않을 걸 알면서도 손으로 괜히 한번 훑어낸다.

내가 사랑하는 이들에게 받는 사랑으로 나는 이미 충분하다. 모두에게 사랑받아야 했던, 누구 하나 나를 미워하는 이가 없었으면 했던 때를 지나 이미 가지고 있는 것만으로 행복해지는 법을 알게 되었다. 언제나 그렇듯 결국 마음가짐의 문제일 뿐이었다.

이어폰을 꺼내 지난 계절에 한창 많이 듣던 노래를 한 곡 반복으로 맞췄다. 제일 좋아하는 가사는 여전히 같은 곳이라 습관적으로 3분 25초 즈음을 기다리곤 한다. 그리고 때맞춰 들려오는 노랫말.

'맞아요, 인기는 내게 쓸데없죠.'

내일도, 내일모레도 계속 비가 내렸으면 좋겠다. 딱 이 정도의 가랑비로. 우산을 쓰지 않을 생각이다. 어느새 젖었는지도 모른 채 흠뻑 젖고 싶은 요즘이라서.

지나고 보면 하나뿐일 내 날들이다.
더없이 사랑하는 내 인생이고.

오 래 된 우 리

오래된 친구와 함께 있을 때의 우리는
종종 보이는 만큼 성장했거나 어른스럽지 못하다.
과거의 어린아이가 여전히 우리 안에 살아 숨 쉬는 듯,
함께일 때의 우리는
여전히 추억 속 그 아이들을 불러내곤 한다.

각자의 길

너의 길을 가라.

자의 반 타의 반으로 자주 읽었던 자기계발서에서 수없이 마주했던 글이다. 도전하는 삶이 아름답다, 청춘은 가장 빛나는 것이다 따위와 다를 바 없게 들리던 말이 오늘따라 강한 인상으로 다가온다.

'색깔 없는 과일, 누가 먹겠니'라고 카페를 가득 채웠던 노래가 온종일 귓가에 맴도는 것도 우연은 아니다. 상황에 놀랍도록 일치하는 노랫말과 멜로디는 때론 그 무엇보다 큰 힘과 용기를 준다는 것을 알고 있다.

누가 뭐라 하든 나는 나의 길을 가겠다. 망해도 내 것, 흥하면 더더욱 내 것인 그런 인생이니까. 선택에 따른 흥망성

쇠는 내가 지고 갈 테니 너는 괜한 걱정으로 가로막지 말고 네 길을 찾아 떠나가라. 네가 오기만을 기다리는 그런 길이, 네게도 있지 않을까.

방 황 해 도   괜 찮 아

많은 방황의 시간을 지나 보내고도
나는 여전히 방황하고 있다.
그러나 끝없이 방황하던 이전과의 차이라면
이제는 내 안에 분명한 중심이 생겼다는 점.
주변의 소리와 소음이 더는 나를 크게 흔들지 못한다는 점.

지구 위에 존재하는 한낱 작은 생명체로서
오로지 정착에만 힘쓰며 살아가는 이가 얼마나 있을까.
살아 있는 한 어쩌면 삶 자체가 곧 끝없는 방황일 텐데.

언제나 머물러 있지 않고 전진하는 것,
그것이 진정한 방황이라면 나는 끝없이 방황하고 싶다.
바람이 데려가는 곳으로 햇살이 비춰주는 곳으로
서풍이 불면 동쪽으로 동풍이 불면 서쪽으로

아무렴 나는 방황하고 싶다.

수많은 유혹에 흔들려가며
그렇게 자연스럽게 방황하며 살고 싶다.

보내줄 준비

몸과 마음에 이롭지 않은 건 그것이 무엇이든
자신을 위해 미련 없이 털어버릴 줄도 알아야 한다.

내게 상처를 주는 이를
애써 품으려 노력하지 말고
나를 아프게 하는 것은
언제든 놓아줄 준비를 하고 있어야 한다.

우리는 그래도 돼

친구야, 잠깐 앉아 한숨 쉬어가자.
숨이 턱 끝까지 차도록, 우리는 너무 오래 달려왔어.
이제는 달려온 발자국을 돌아보며, 잠시 쉬어가자.
이런저런 쓸모없는 이야기도 많이 하자.
우리는 그럴 자격이 있잖아.

세상엔 앞만 보며 달리는 것보다
가치 있는 일이 너무 많아.
때로는 뒤를 돌아보는 일이
더욱 중요하다는 것도 잊지 말아야 해.
그러니 우리 잠깐 쉬어가자.
필요하다면 서로의 무릎을 베고 다독여주자.
우리는 너무 오래 달려왔어.
우리는 그럴 자격이 있잖아.

그때는 틀리고 지금은 맞을까

한 차례 풍파를 겪게 되면서, 그러니까 험한 물살에 이리저리 쓸려도 보고 거센 파도에 허우적대기도 하고 그러다 우연히 마주한 작은 판자에 의지해 겨우 살아남는, 그런 일련의 과정을 거쳐오면서 나는 이전과는 다른 생각을 가지게 되었다.

그렇다고 쉬이 과거의 그것은 틀렸고 지금의 이것은 옳다, 라고 말할 수는 없다. 무엇이 정답인지 나조차도 여전히 확신하지 못하지만, 다만 지금의 것이 최선이라고 혹은 정답이지 않겠느냐고 그렇게 희망하며 살아가고 있을 뿐이다.

나의 매일에 만족하려고 노력한다. 오늘은 오늘의 나에게 최선의 하루였고 내일은 내일의 나에게 최선의 하루일 것이라고. 내가 살아가는 시간 속에서 답을 찾으려고 한다. 나의 무수한 그 모든 하루를 사랑하려고 한다.

길에서 마주한 깨달음

어떤 상황에서도 스스로를 몰아세우지 말 것.

억지로 의미를 부여하거나 찾으려 하지 말 것.

배려라는 이름으로 행하는 지나친 자기희생을 자제할 것.

멀지 않은 곳에 항상 소중한 사람들이 있음을 잊지 말 것.

길에서 마주한 풀 한 포기도 함부로 밟으려 하지 말 것.

마주치는 모든 것의 아름다움을 순수하게 받아들일 것.

어떤 선택을 하더라도 나 자신을 우선순위에 둘 것.

매 순간 소중한 나를 끝까지 믿어줄 것.

어쩌면 인생이란

어쩌면 인생이란
당황스럽도록 예측할 수 없어 즐거운 일 아닐까.

길에서 발견한 국화의 꽃망울이
전에 없이 소중하게 느껴지듯,
우연히 마주한 누군가로
오늘 하루가 이토록 특별해지듯

예측할 수 없어 더욱 고귀하고 아름다운 것이
삶에게 주어진 또 다른 이름 아닐까.

다 른   의 미

침묵의 미덕을 느낄 줄 알아야겠다.
하고 싶은 말을 내뱉지 못해 후회하는 일이 생기더라도
침묵하고 있는 편이 낫겠다 싶은 순간이 많아진다.

말하는 것만큼 신중해야 하는 일이 없고
말하는 것만큼 많은 생각을 필요로 하는 일이 없으니까.

말하지 않는 것과 말하지 못하는 것.
그러니까 신중한 것과 우유부단한 것은
차원부터 다른 것임을 명심해야지.

대단하진 못해도

그리고 꿈을 간직하라.
언제 그 꿈이 필요할지 결코 알 수 없으니까.

- 카를로스 루이스 사폰

우리는 종종 생각지도 못한 순간
알 수 없는 용기를 맞닥뜨리곤 한다.
그러니 꿈이란
꼭 대단한 의지와 열망을 내포하지 않더라도
바로 그 순간을 위하여
항상 지니고 있어야 하는 것 아닐까.

기 록 하 는 삶

기록하지 않으면 아무것도 남지 않는다.
지금 이 순간을 기록하는 것과
시간이 지나고 막연히 회상하는 것 사이에는
적잖은 괴리가 있다.

그러니까 우리는
그것이 유의미하든 무의미하든
소중한 순간들을 기억하고
기록해야 할 자발적인 의무를 지니고 살아간다.

금요일의 무게

금요일 퇴근시간 무렵 지하철 안의 사람들은 한껏 가벼워 보인다. 때마침 한강을 지날 때 쏟아지는 창밖의 햇살도 괜스레 더 밝갛게 느껴지고 지는 노을과 겹쳐 찰랑이는 물결도 평소보다 더 반짝이는 듯 보인다.

인간을 구원하는 것이 다가오는 미래에 대한 희망과 기대라면, 그것을 확인하기에는 금요일이 가장 적절한 날이지 않을까.

그러니까 나는 모든 이들이 금요일만큼만 행복했으면 좋겠다.

금요일의 무게만큼만 아프기를,

금요일의 무게만큼만 지고 가기를.

그러고도 남은 금요일의 무게만큼 가볍게 살아가기를.

어떤 상황에서도 스스로를 몰아세우지 말 것.
어떤 선택을 하더라도 나 자신을 우선순위에 둘 것.

다 른 사 람

다른 사람을 생각하는 시간이 많아진다. 배려나 이해의 차원의 생각이 아닌, 말 그대로 내가 아닌 한 사람에 대해 생각하는 시간이 많아지고 있다. 인터넷에 돌아다니는 귀여운 캐릭터 인형을 보면서도, 유명한 음식점에서 맛있는 쌀국수를 먹으면서도 '아, 이거 걔가 진짜 좋아하는데.' 혹은 '언제 한번 데리고 와야지.' 따위의 생각을 한다.

가끔은 뚜렷한 흔적 없이도 짐작 가능한 일이 있다. 새싹이 돋아나기 전, 온기가 느껴지기 전에도 봄이 오고 있음을 알 수 있는 것처럼. 요즘 나는 내가 아닌 다른 누군가를 떠올리는 시간이 늘어만 간다. 겨울은 이런 모양새로 지나가고 있다.

누군가를 떠올리는 시간 속에서, 주변을 돌아보는 따뜻함에서 언제나 그랬듯 겨울이 가고 봄이 오는 소리가 들리면 그렇게 나는 또 다른 계절이 오고 있음을 느낄 수 있다.

정 답 은 없 어

인생에 정답은 없다.
선택에 따른 결과만이 여러 갈래로 존재할 뿐.

잘못된 선택이 잘못된 결과를 가져왔다고
오답이라고 할 수 없듯,
좋은 선택이 좋은 결과를 가져올 순 있으나
그것도 정답이라고 단언할 수는 없다.

그저 상황에 충실히
매 순간 올바른 판단을 하길 바라는 수밖에 없다.
완벽한 정답이라는 게 있으면 그게 인생일까.
방정식이나 되겠지.

양 면 성

삶의 양면성이란 그런 것이겠지.
지극히 현실적이거나 또 한편 낭만적이거나.

특별할 것 없다고 느껴지는 매일의 현실 속에서도
그 안의 낭만을 찾아 나서는 것이겠지.

반 가 운 자 취

더 이상 앞으로 나아가기가 힘든 날에는 뒤돌아서 지금껏 걸어온 발자국을 바라본다. 단순히 발자국을 읽는 것 이상으로 그곳에 녹아 있는 마음가짐을 되새긴다. 처음 시작했을 때의 마음가짐, 변치 말자던 자신과의 약속, 최선을 다해야지 하고 다짐하던 열정. 그 모든 면을 찬찬히 되돌아 읽기 시작한다.

그러다 보면 자연히 나태해지고 해이해진 마음이 부끄러워지곤 한다. 그리고 그런 부끄러운 마음은 더 이상 나아갈 수 없다고 생각했던 나에게 한 번 더 시작할 수 있다는 믿음을 주곤 한다.

그런 믿음들로 내일도 한 걸음 힘차게 나아가야겠다. 처음 간절했던 그 열정을 잃지 말아야겠다. 간혹 그 자세를 잃었을 땐 또다시 뒤돌아 내가 걸어온 발자국을 되새기고는 항상 처음과 같은 마음으로 살아가야겠다.

생 각 정 리

생각을 정리한다는 것은 내 안에 쌓여 있던 욕심을 버리는 과정이다. 안 되는 것은 안 된다고, 어쩔 수 없는 것은 어쩔 수 없다고 인정하는 것. 노력해도 마음대로 되지 않는 일은 한 발짝 물러나 겸허히 상황을 받아들이는 것. 그러곤 다음으로 도약하기 위한 마음을 채워 넣는 것.

욕심을 버리고 마음을 비우는 일이 생각만큼 쉽지는 않지만 일단 이 과정을 지나고 나면 스스로 괴롭히는 일을 그만둘 수 있게 된다.

그래도 꽃 같은 사람

꽃 같은 사람이 되어야겠다고 생각했다.
어느 곳에 피어도 그 자체로 아름다운 사람.
퍽퍽한 주변 환경도
내면에서 나오는 본연의 아름다움에 가려 보이지 않는,
또 누가 먼저 원하지 않아도
자연히 밀려오는 향기 같은 사람.
그런 사람이 되고 싶다고 생각했다.

어린 생각이기도 했다

오 년 만에 찾은 고향에서 나는 어릴 때는 보지 못했던, 보이지 않았던 것을 하나둘 발견하게 되었다.

지나가는 학생들의 재잘대는 소리, 건물의 좁은 틈 사이를 통과하는 바람 소리, 달리는 자전거의 규칙적인 체인 소리, 그 외 여러 잡다한 생활 소음까지도. 특별할 것 없는 음파의 울림이 신기하게 다가와서 크지 않은 볼륨으로 듣고 있던 노래마저 끄고 이어폰을 뺀다.

떠나온 자리라 마음의 여유가 생겨서일까. 그때는 어떤 이유로 찬찬히 주위를 둘러보는 일조차 버겁게 느껴졌을까. 내 손에 쥐어진 것 이외의 다른 것들이 그저 스쳐 가는 인연으로밖에, 흘러가는 시간으로밖에 느껴지지 않았을까.

세상은 평범해서 더욱 특별한 것 투성이인데 그때의 나는
왜 익숙한 모든 것을 등지고 살아가려 했을까.

기 억 조 각

삶에서 가장 소중한 기억은
시간이 흐른다고 잊히거나 사라지지 않는다.
그것은 마치 수십 개의 조각으로 나뉘어
우리 삶 곳곳에 자리를 잡는 것과 같다.
힘들 때면 언제든 꺼내어 추억할 수 있도록
그렇게 그들은 우리 삶 곳곳에 스며들어 있다.

멀 리 가 는 방 법

태어나면서부터 어른인 사람이 없듯
처음부터 잘하는 사람이 어디 있을까.
모두 다 넘어지며 커간다는 걸
우린 이미 알고 있잖아.

서두르지 말자.
진짜 멀리 가는 사람은
처음부터 속도 내는 법이 없으니.

누구나 그럴 때가 있잖아

가끔은 출구 없는 벽에 부딪히기도 할 테고 끝이 안 보이는 경쟁에 지치기도 하겠지. 소중한 사람들이 내 편이 아닌 것 같다는 생각도 들 테고, 타인의 성공에 질투하는 마음이 생길 때도 있을 거고.

하지만 정말로 기억해야 할 것은 그 모든 상황 속에서도 나는 나아가고 있다는 것. 주변을 지나가는 자동차가 너무 빨라 내 종종걸음이 간혹 너무 느리게 느껴질지라도 그럼에도 나는 아주 조금씩 나만의 속도로 전진하고 있다는 것.

도전하지 않는 자는 실패하지도 않는다고 하는 말처럼, 지금 겪는 실패가 모여 앞으로 성장할 발판이 될 거라고 생각해보면 어떨까.

나만의 방식으로 나만의 길을 헤쳐 나갈 때에는 남들의 쓸데없는 핀잔에 기죽을 필요도, 다른 이의 시선을 신경 쓸 필요도 없다.

내가 원하는 것을 향해 묵묵히 달려가는 그 길의 끝에서, 그것이 무엇이든 분명히 얻게 될 것이라는 확신. 그것 말고 달리 생각해야 할 것은 없다.

그래도 다 품고 가자며

삶이 위대해 보여도 결국은 작고 무수한 경험의 집합체일 뿐이다. 그 경험은 매우 다양해서 소소한 것도 자질구레한 것도 때로는 여운이 짙게 남는 것들도 있다. 크고 작음의 차이, 가볍고 무거움의 차이는 있겠지만 결국 그것이 다 모여야만 한 사람의 인생이 된다. 빠짐없이 한데 모아놓아야만 누군가의 인생을 이룬다.

가끔은 짐이 되는 것도, 때로는 부정하고 버리고 가고 싶은 것도 분명 있겠지만 그것 또한 내 삶을 이루는 일부분이다. 내가 품고 가야 할 나라는 사람의 한 조각인 것이다.

그러니까 우리는 그것이 유의미하든 무의미하든
소중한 순간들을 기억하고 기록해야 할
자발적인 의무를 지니고 살아간다.

인생은 수수께끼

많은 사람들은 자신만의 영화를 가지고 있다. 그러니까 가장 인상 깊었던 영화라든지, 시리즈별로 꼭 챙겨보는 영화라든지, 혹은 여러 번 반복해서 보는 영화라든지.

어제는 오랜만에 노팅힐을 다시 봤다. 꽤 여러 번 보았음에도 내게는 여전히 볼 때마다 영감을 주는 좋은 영화다. 영화에 수록된 곡들은 물론이거니와 주인공인 안나와 윌리엄의 사랑 외에도 기억해야 할 장면과 대사가 많은 영화. 한때는 윌리엄처럼 책방을 운영해야지 하고 다짐하게 만들었던 영화이기도 하다.

같은 영화를 반복해서 보다 보면 처음엔 읽어내지 못했던 주변인들의 대사와 몸짓에도 집중할 수 있게 된다. 그 중 내가 가장 좋아하는 대사는 이렇다.

'인생은 생각할수록 수수께끼야.'

정말 그렇다.

우연의 반복

좋은 사람들을 만나고 돌아가는 길은 특별하다. 각자가 위치한 삶의 전선에 흩어져 있다 한번씩 모이는 기분은 감격스럽기까지 하다. 그들과 나눈 기분 좋은 에너지로 당장 무엇이든 할 수 있을 것 같은 기분에 휩싸이곤 한다.

삶은 주로 예상하지 못한 우연의 반복이지만 오늘 같은 날의 에너지는 그런 우연에 관대해질 수 있게 한다. 오늘의 이런 기분으로 다가오는 앞으로의 날들도 무사히 버틸 수 있길 바란다.
여전히 살아 있음을 확인시켜주고 가슴을 뛰게 하는 이런 기운으로, 그리 달갑지만은 않은 우연에도 가볍게 웃어넘길 수 있길. 쉽게 털어내는 사람이 될 수 있길 바란다.

비움의 미덕

마음을 비운다는 것은 애써 쥐고 있던 것들을 포기하는 것이 아니다. 그것은 되레 잊고 지낸 소중한 것으로 자리를 메워가는 과정에 가깝다. 그래서 마음을 비운다는 건 또 다른 의미의 채움일지 모른다.

요즘의 나는 그렇게 살고 있다.
마음을 비워가며 그리고 더 값진 것들로 채워가며.

지나고 보면 결국에는

마지막 순간이 되면 대개 약속이라도 한 듯 처음을 떠올리게 된다.

마지막에 기대어 처음과 중간이라는 과정을 실제보다 미화하기도 하고 힘들었던 시간은 추억으로, 좋았던 시간은 보람이란 이름으로 남겨두기도 한다. 혹자는 좋은 게 좋은 것이듯 아닌 것은 아니라 말하기도 하지만 그래도 나는, 그저 웬만해서는 다 품고 가려는 마지막 순간의 마음가짐이 좋다. 헤어질 때까지 미운 자가 얼마나 있을까. 내 기억 속 마지막이라는 자리에 서서 뒤돌아봤을 때 정말로 미운 것은 하나도 없었다. 마지막이 가진 힘이란 결국 그런 것이 아닐까. 미운 감정은 일단 제쳐놓고 좋은 것들만 떠올리게 하는.

오늘이 내게 어떤 의미론 마지막이라 그것에 관한 생각을 유독 많이 하게 된다. 그러나 동시에 나는 새로운 출발선에 와 있기도 하다. 느슨해진 신발 끈을 제대로 묶고 새로운 목적지를 향한 걸음을 시작하려고 한다. 그 과정이 고되고 힘이 들 땐 이 길 또한 마지막이 존재함을 생각할 것이다.

모든 일에는 마지막이 존재함을, 끝이란 또 다른 시작과 가까워지는 것임을 명심하려고 한다. 살아 있는 모든 것은 유한한 존재임을 잊지 않으려고 한다. 그렇게 하면 살아가며 마주하는 많은 것들에 좀 더 따뜻한 사람이 될 수 있지 않을까.

지나고 보면 결국에는 다 아름다워지는 것뿐이다. 내 곁에 조금이라도 두고 보았던 것 중, 정말로 미운 것은 하나도 없음을 나는 늘 마지막이 되어서야 깨닫게 된다.